돌이킬 수 없는 결정,

자살

자살을 생각하는 당신이 알아야 할 모든 것!

돌이킬 수 없는 결정, 자살

• Paul G. Quinnett 저 · 이혜선, 육성필 공역 •

학지사

Suicide: The Forever Decision
by Paul G. Quinnett

역자서문

이 책은 폴 퀴네트의 『Suicide: The Forever Decision』을 번역한 것이다. 그동안 읽어 보았던 자살에 관한 책들은 대부분 원론적이고 딱딱한 내용의 것이 많았는데, 이 책은 편안하고 때로는 유머러스한 어조로 무겁고 심각한 주제들을 쉽게 풀어 나갔다. 이 책은 많은 독자들과 전문가들에게 자살에 관한 최고의 책이라는 평을 받고 있으며, 이미 유럽의 많은 나라를 비롯하여 중국에도 번역되어 있다.

이 책은 저자가 자살하려는 사람에게 이야기를 하는 형식으로 되어 있다. 그렇기 때문에 어려운 이론적 배경 설명보다는 절망에 빠진 사람이 자살을 결심하기 전에 꼭 한 번 생각해 보아야 할 중요한 주제들을 솔직하고 직접적으로 이야기하고 있다. 이 책은 정신건강 전문가들이 자살환자를 다루는 저자의 태도와 지식을 배울 수 있는 더없이 좋은 교과서일 뿐만 아니라 자살하려는 마음을 품고 있는 사람들이 돌이킬 수 없는 결정을 하기 전에 반드시 짚어 보아야 할 단계들을 알려 주는 훌륭한 지침서다.

저자인 폴 퀴네트는 워싱턴 대학의 정신과 임상 조교수이며, 지역사회 치료센터에서 임상심리학자로, 그리고 QPR 연구소의 소장으로 활동하고 있는 매우 정열적인 사람이다. 이 책은 그가 35년 이상 임상가로서 자살하려는 사람들을 치료하면서 얻은 경험과 지식을 담고 있다. QPR 프로그램은 일반인들에게 자살의 경고 사인(warning sign)을 인식하고 자살 관련 질문을 하며 적절한 기관에 의뢰하는 방법을 알려 주는, 일종의 지역공동체에 기반을 둔 자살예방 프로그램이다. 즉, 특정 집단이나 특정 계층만을 대상으로 하는 것이 아니라, 일반 사람을 대상으로 자살과 관련된 교육과 초기 대응방법을 훈련시키는 것이다.

역자들과 폴 퀴네트는 한국에서 자살이 매우 심각한 문제지만 아직 여러 가지 면에서 부족한 것이 너무 많다는 것을 잘 알고 있다. 궁극적으로는 우리나라에서 발생하는 자살을 줄이는 것이 목표지만, 일반인들이 자살에 대해 제대로 된 인식을 하도록 하는 것이 가장 선행되어야 할 작업이라는 것에 동의하고 있다. 이러한 맥락에서 『돌이킬 수 없는 결정, 자살』과 저자의 또 다른 책인 『자살 심리치료의 실제』가 보탬이 되길 희망해 본다. 두 번째 책은 자살하려는 사람들을 도우려는 전문가들이 치료 과정에서 반드시 알아 두어야 할 구체적인 치료지침을 담고 있다. 이 두 권의 책은 자살하려는 사람들과 그들을 도우려는 가족과 전문가들에게 많은 도움이 될 수 있을 것이다.

이 책을 번역하면서 그리고 QPR 연구소와 관련된 일을 처리하면서, 폴 퀴네트의 사람에 대한 애정, 용기, 솔직함, 배짱 그리고 따듯함에 매료되지 않을 수 없었다. 그리고 그의 유머감각 또한 책 읽기를 즐겁게 해 주었는데, 의미를 정확하게 담으려다 보니 번역을 하는 과정에서 재미가 덜해진 것 같아 안타깝다. 이 책에는 유난히 구어 표현이 많아서 번역하는 데 어려움이 있었다. 다행히 Betti Geen과 Rori Wells에게 모르는 구어 표현들을 가지고 찾아가면, 흔쾌히 웃으며 사전을 찾아서는 도저히 알 수 없었던 문장의 의미와 문맥을 알려 주어 즐거운 마음으로 번역작업을 할 수 있었다. 진심으로 다시 한 번 고마움을 전하고 싶다.

바쁜 와중에도 이 책이 나올 수 있도록 도와준 학지사의 김진환 사장님, 편집부 관계자에게 깊은 감사의 마음을 전한다.

역자 대표

저자서문

한국의 독자에게

사람으로서, 우리에게는 우리 자신과 우리가 알고 사랑하고 관심을 기울이는 사람들이 자살하지 않도록 도와줄 의무가 있습니다. 자살과 관련된 아주 작은 지식이라 할지라도 사람의 생명을 구하는 데 큰 도움이 될 수 있습니다. 나는 당신 자신이나 당신이 알고 있는 누군가를 위한 지식을 이 책에서 얻기를 바랍니다.

이 책은 임상심리학자로서 나의 경험뿐만 아니라 나의 진심을 담고 있습니다. 사람들이 경험하는, 자살을 고려할 정도의 고통에 대해 나를 가르쳐 준 스승은 나의 환자들이었습니다. 이러한 지식은 교과서에서는 배울 수 없는 것들이었습니다.

우리는, 우리 모두는 인생의 커다란 미스터리에 사로잡혀 있습니다. 자살은 인생의 미스터리 중 하나입니다. 어떤 사람이 자살에 대해서 생각한다는 것은 뭔가 아주 잘못되고 있으며, 평안과 안정을 되찾기 위해서 뭔가 바로잡아야 할 부분이 있다는 것을 의미한다고 생각합니다. 한 사람의 인생에서 잘못된 부분은 시간이 흐르면서 해결될 수도 있고 다른 사람의 도움이나 스스로 하는 공부나 성찰, 때로는 목사나 정신건강 전문가에게 받는 상담을 통해서 나아질 수도 있습니다.

35년 이상을 자살하려는 환자들과 일해 왔기 때문에, 자살은 나에게 두려운 것이 아닙니다. 나는 자살 위기를 기꺼이 맞아들입니다. 왜냐하면 그것은 뭔가 바뀔 필요가 있다는 것을 우리에게 알려 주는 것이고, 도움을 받아서 우리가 변화시킨 것은 우리에게 희망을 가져다주고 우리의 삶과 기회를 열어 줄 것이기 때문입니다. 나는 환자들에게 이야기하곤 합니다. "자살 위기는 그냥 지나가 버리게 하기에는 너무 고통스러운 일입니다. 우리가 무엇을 배울 수 있을지 한번 봅시다. 우리가 다시 희망을 품을 수 있도록 말입니다."

이 책을 즐기기 바랍니다. 그리고 계속 살아갈 희망을 키워 나가길 빕니다.

폴 퀴네트

이 책을 읽는 독자에게

나는 당신이 누구인지, 또 왜 이 글을 읽고 있는지 알지 못합니다. 다만, 당신이 이 책을 집어 들었다는 것과 잠시 이 글을 읽고 있다는 것만을 알 뿐입니다. 내가 바라는 것은 당신이 이 책을 필요로 한다면 계속 읽었으면 하는 것입니다.

내가 당신을 좀 더 잘 안다면 글 쓰는 사람으로서 상당한 도움이 되겠지만, 지금은 그렇지 못하고, 또 우리가 언젠가 어디에선가 만나지 않는 한, 우리는 서로를 결코 알지 못할 것입니다. 그러니 여기서 이렇게 시작해야겠군요. 우리는 낯설고 서로 잘 모릅니다. 그렇다고 여기서 멈출 필요는 없습니다. 적어도 나는 멈추지 않으려고 합니다.

나는 당신이 내 사무실에, 바로 내 옆에 앉아 있는 것처럼 직접적으로 글을 쓰려고 합니다. 내 사무실은 따뜻한 곳입니다. 조용하고 방해받지 않는 곳이죠. 우리는 편안한 의자에 앉아 있을 것이고, 전화벨은 울리지 않을 것입니다. 내 사무실에서는 아무도 우리를 방해하지 않습니다. 심리학자들이 하는 것, 즉 사람들의 말에 귀 기울이고, 대화를 나누고, 인생의 문제를 해결하도록 도우려고 애쓰는 것을 나도 이 사무실에서 합니다.

사람에 대해 가정하는 것은 위험한 일이지만, 우리의 관계를 고려해 이제 당신에 대해 몇 가지 가정을 해야겠습니다. 나는 이 책을 읽고 있는 당신이 자신의 삶에 대해서 이야기하려고 생각하고 있거나 또는 벌써 말문을 열었다고 가정하려 합니다. 또는 당신이 상당한 어려움에 처해 있어서 자신의 인생에 종지부를 찍어 버리려 한다고 가정할 것입니다.

사실이 그러하다고 가정하면서, 삶의 고통과 죽음의 결과에 대해서 내가 아는 바를 당신과 함께 이야기할 것입니다. 나는 당신과 함께 자살에 대해서 이야기하려고 합니다. 나는 당신의 삶이 곤경에 빠져 있다고 해서 당신을 조롱하거나 비웃지 않을 것입니다. 나는 완곡하게 말하는 대신 내가 아는 한 그대로 정직하고 직설적으로 말하려고 합니다.

나는 자살하려는 사람들을 많이 알고 있기 때문에, 그 순간에 당신이 어떤 기분인지에 대해 어느 정도 알고 있습니다. 당신이 책 한 권을 읽을 기분이 아니라는 것도 알고 있습니다. 그러나 아마 이 책은 읽을 수 있을 것입니다. 이 책은 그리 길지 않습니다.

내가 이 책을 쓴 이유 중 하나는 자살이라는 주제가 불쾌한 것이기 때문입니다. 사람들은 자살에 대해 이야기하는 것을 좋아하지 않습니다. 사람들은 누군가가 스스로 목숨을 끊는 것을 고려할 정도로 심각한 어려움에 빠져 있다는 이야기를 듣는 것을 좋아하지 않습니다. 그러나 우리에게 침묵은 좋을 것이 없습니다. 그것은 어려움에 빠진 사람에게도, 그리고 우리가 아는 누군가가 너무나 절망적이고 외로워서 유일한 탈출구라고는 죽음밖에 없다고 생각한다는 사실을 피하고 싶어 하는 우리에게도 좋은 것이 아닙니다. 지금은 우리가 이야기를 해야 할 시간이며, 솔직하게 말해야 할 때입니다.

이런 책은 쓰지 말았어야 한다고, 자살에 대해서 담담하게 써 내려가는 것은 오히려 독자들을 자살하게 만들 가능성을 증가시키는 것이라고 말하는 사람도 있을 것입니다.

그러나 나는 그것이 사실이 아니라고 믿습니다. 그리고 몇몇 연구들도 나의 의견을 지지하고 있습니다. 우리가 죽음에 대해서 더 많이 알수록 삶에 대해서도 더 많은 것을 알게 된다고 생각합니다. 그리고 우리가 이 두 가지에 대해 더 많이 알게 될 때, 아마도 우리에게 남겨진 인생의 전부를 온전하게 살 수 있게 될 것입니다.

내가 이 책을 쓴 또 다른 이유는 한 통의 전화만으로도 도움을 받을 수 있다는 것을 모른 채 죽어 간 사람들이 너무 많기 때문입니다. 요즘 같은 때에 어떻게 그럴 수 있을까 궁금할 것입니다. 그러나 이것은 사실입니다. 그러므로 이 책은 도움의 손길이 존재한다는 것과 어떻게 도움을 받을 수 있는지를 모르는 사람들에게 그 방법을 알려 줄 것입니다. 아마도 이 책은 누군가에게 도움을 청할 수 있는 작은 용기와 하루 더, 아니 한 주 더, 또는 삶이 더 나아질 때까지 견디고, 더 나아가 자살에 대한 생각이 없어질 때까지 견딜 수 있는 용기를 줄 것입니다.

하나만 더 이야기합시다.

나는 삶의 문제를 단번에 해결할 수 있는 처방약이나 마술 같은 해답을 가지고 있지 않습니다. 나는 그런 해결법을 줄 수 있는 사람이 있다고 생각하지 않습니다. 그러므로 당신에게 좀 더 쉽게 사는 방법이나 고통에 대한 간단한 처방을 제시하지는 않을 것입니다. 그러나 이 책은 자살에 대한 것이고, 당신의 인생에 있어 최대 중대사에 관한 것이므로, 당신이 좋아하지 않을 수 있지만, 내가 당신에게 해야 하는 말에 대해서 사과하지는 않겠습니다. 어쩌면 이 책이 당신이 읽는 마지막 책일 수도 있습니다.

폴 퀴네트

차 례

돌이킬 수 없는 결정,

자살

01

당신은 미친 것이 아닙니다

자살에 대해 말하고 싶은 첫 번째 이야기는 당신이 자살에 대해 생각한다고 해서, 또는 자살을 시도해 본 적이 있다고 해서, 당신이 제정신이 아니라고 생각할 것까지는 없다는 것입니다. 다른 사람들이 당신에게 무슨 말을 하든 자살은 문제를 해결하는 것입니다. 적어도 당신의 문제를 해결해 줍니다. 만일 자살에 성공한다면 문제는 단번에 영원히 해결됩니다. 당신도 이미 알고 있듯이 일단 당신이 죽으면 그 누구도 더 이상 당신에게 상처를 입힐 수 없습니다. 일단 당신이 죽으면 당신은 더 이상 기분 나쁠 일이 없습니다. 일단 당신이 죽으면 그 뒤로 어떤 일이 생기건 신경 쓰지 않아도 됩니다. 당신이 얼마나 심한 고통에 빠져 있건 간에 숨을 멈추는 순간 모든 것이 끝날 것입니다. 앞서 우리는 서로 진실하기로 했으므로, 나는 자살이 아무 소용 없다는 이야기로 당신과 입씨름을 할 생각은 없습니다. 자살은 그렇습니다. 적어도 그런 것 같습니다.

만일 당신이 지금보다 훨씬 전에, 다른 사람이 죽고 싶다고 말하는 것을 들었다면 당신은 그 사람이 미친 거라고 생각했을지도 모릅니다. 그러나 지금 당신이 그와 똑같은 자리에 있다면 아마 그의 마음이 어떤지를 헤아릴 수 있을 것입니다. 대부분의 사람은 이유가 무엇이라고 생각하든 당신이 자살에 대해 생각한다는 것을 알면 당신이 미쳤다고 생각할 것입니다. 또 당신이 자살을 한다면 '그런 짓을 하다니 당신은 정말 미쳤다.' 고 생각할 것입니다.

그러나 실제로는 자살을 하는 대부분의 사람이 공식적인 의미에서 정신병적 질환을 앓고 있지는 않습니다. 가끔 정신분열증 환자들이 스스로 목숨을 끊기는 하지만 자살을 하는 대부분의 사람은 당신이나 나와 같은 사람입니다. 그러므로 더 이상 살 가치가 없다고 결심해 버린 사람들에 대해, 당신이 나와 함께 탐색을 해 나가길 바랍니다. 자살 시도를 했거나 자살을 한 대부분의 사람은 너무 슬프고, 지치고, 화가 나서 더 이상 삶을 지탱해 나갈 수 없습니다. 또는 끔찍한 곤경에 빠져 도저히 피할 곳이 없고, 탈출구도 안 보이고, 고통을 멈추게 할 수도 없으며, 언젠가는 다시 괜찮아질 것이라는 희망을 품을 수도 없습니다. 그러나 그들은 미친 것이 아닙니다. 그리고 당신도 아닐 가능성이 아주 많습니다.

이 책의 후반부에서 나는 우울증, 외로움, 분노, 절망, 스트레스 그리고 이러한 마음의 상태들이 어떻게 우리에게 영향을 미치고, 어떻게 자살 사고를 불러일으키는지에 대해 상세히 다룰 것입니다. 그러나 당신이 자살 시도의 위험 요인과 결과, 양상과 원인을 이해할 수 있도록 이 책을 처음부터 끝까지 읽을 것을 권유하고 싶습니다.

당신이 자살을 탈출구로 생각할 때 생기는 일 중 하나는 기분이 좋아지기 시작한다는 것입니다. 어떤 경우는 기분이 조금 나아지는 정도지만, 때로는 훨씬 좋아지기도 합니다. 답이 없는 것처럼 보이는 문제에 매달려 있다가 마침내 찾아낸 그것은 상당한 안도감을 줍니다. "어떻게 그런 일이 일어날 수 있지요?"라고 물을지도 모르겠습니다.

우리 인간은 결코 해 본 적이 없는 일이나 결코 가 본 적이 없는 곳을 상상할 수 있는 능력이 있기 때문에, 우리는 죽으면 어떨지에 대해 또는 적어도 살아 있지 않으면 어떨지에 대해 상상을 할 수 있습니다. 사람만이 자신의 죽음에 대해 상상할 수 있습니다. 우리는 영화에서 배역을 맡는 것처럼 죽음을 연기해 볼 수 있습니다. 우리는 눈을 감고 관 속에 주검이 되어 누워 있는 자신을 바라볼 수 있습니다. 그것을 인정하건 인정하지 않건 간에 우리는 때때로 죽으면 어떻게 될까 하는 상상을 합니다.

문제들을 끝장내는 것을 상상하는 이러한 우리의 굉장한 능력이 자살에 대한 생각을 가능하게 합니다. 그리고 누구도 우리가 자살에 대해 생각하는 것을 멈추게 할 수 없습니다. 죽음이 어떤 것일지를 예상하는 우리의 마음, 우리의 상상력, 우리의 능력이 우리를 사람이게 하는 것이기에 그 누구도 이것을 막을 수는 없습니다.

내 관점에서 볼 때, 당신에게는 지금 당장 직면하고 있는 문제를 해결하는 방법으로써 자살을 생각할 권리가 분명 있습니다. 자살은 모든 사람이 내릴 수 있는 결정입니다. 때로 그것은 우리가 할 수 있는 유일한 결정이기도 합니다. 그리고 때로 그것은 어떤 사람에게, 어떤 상황에서는 최선의 선택일지도 모릅니다. 어떤 상황에서 어떤 사람이 그런지에 대해서는 내가 말할 수 있는 문제가 아니지만 말입니다.

하지만 자살에 대한 결정을 잠시 미뤄 두고 이 책의 나머지 부분을 나와 함께 둘러보자고 권하고 싶습니다. 이미 짐작했겠지만 나는 누구를 재촉하기 위해 이 책을 쓰고 있는 것이 아닙니다. 그 보다는 당신이 자살에 대해 좀 더 자세히 살펴보고, 아직 떠오르지 않은 다른 방식들에 대해 검토해 보도록 돕고 싶어 이 책을 쓰는 것입니다.

당신과 지금 이 순간에 나누고 싶은 이야기가 또 하나 있습니다. 그것은 누구라도 결정을 내릴 때에는 우리가 할 수 있는 가장 좋은 것을 선택한다는 것입니다. 우리 중 누구도 "나는 이번에 경솔한 결정을 할 거야."라고 말하지 않습니다. 그런 일은 일어날 수 없는 것입니다. 실제로 결정을 해야 할 때, 우리는 언제나 가지고 있는 모든 가용한 정보를 취합해서 우리의 조그만 두뇌로 보내고, 그 다음에 무엇을 할 것인지를 결정합니다. 그런데 바로 여기에 문제가 있습니다. 만일 우리가 가장 나은 결정을 하기 위해 필요한 모든 정보를 가지고 있는 게 아니라면 어떻게 될까요?

우리는 자신이 내린 결정에 대해 돌이켜 보며 "에이, 그렇게 하지 말았어야 했는데……. 그게 그렇게 될 줄은 몰랐지. 내가 왜 그렇게 멍청했을까?" 하고 얼마나 자주 말하곤 합니까? 만일 당신이 나와 비슷하다면 당신은 아마도 이런 짓을 수백 번, 수천 번 해 보았을 것입니다. 사람이라면 누구나 나중에 후회할 결정을 하곤 하는 것입니다.

인생은 우리에게 날마다 수백 가지의 결정을 하도록 요구합니다. 이 중에는 매일 아침 학교나 직장에 갈 때 무엇을 입고 갈까를 결정하는 것처럼 작은 결정도 있고, 우리가 살면서 어떤 일을 할 것인가, 누구와 결혼할 것인가와 같은 큰 결정도 있습니다. 문제는 매번 우리가 할 수 있는 최선의 선택을 하기 위해 필요한 모든 정보를 가지고 있지 못하다는 것입니다. 만약 우리에게 그런 것이 있다면 완벽한 선택을 했을 것입니다. 그러나 그렇지 못하기 때문에 우리는 늘 불완전한 결정을 하고, 나중에 후회하는 결정을 하게 되는 것입니다. 솔직히 말해, 우리 중 누구도 이런 불완전함에서 벗어날 수 없다고 생각합니다.

그러나 희망은 있습니다. 일반적으로 사람들은 나이가 들면서 조금은 지혜로워지기 마련입니다. 사람들이 지혜로워지는 것은 좀 더 오래 살수록 그들이 가진 정보가 좀 더 많아지고, 그래서 좀 더 결정을 잘하기 때문입니다. 어렸을 때를 생각해 보십시오. 당신이 내렸던 결정을 돌이켜 보면, 지금 아는 것을 그때도 알았더라면 결코 그렇게 하지 않았을 일들이 분명 있을 것입니다.

예를 들어, 당신이 담배를 몹시 피워 대는 사람이라고 합시다. 지금 담배에 대해 당신이 아는 것을 그때도 알았다면, 처음으로 담배를 입에 물었을 때 어떻게 했을까요? 아마도 피우지 않았을 것입니다. 또 당신은 절친한 친구나 부모님과 대판 싸우고 그들과 다시는 말도 하지 않겠다고 다짐했을 수도 있습니다. 만일 지금이라면 그때와 똑같은 방식으로 행동했을까요? 아마도 그렇지 않을 것입니다. 내가 말하고자 하는 요지는, 우리는 우리가 결정한 어떤 것에 대해 후회를 하기도 한다는 것입니다. 우리가 한 일을 되돌아보면, 우리가 너무 멍청했다는 것을, 좀 더 좋게 말하면 무지했다는 것을 알 수 있습니다. 무지함(이것이 전부는 아니지만)이란 것은 우리 대부분이 늘 저지르는 짓입니다. 하지만 괜찮습니다. 나는 무지하다는 것을 별로 개의치 않습니다. 나는 내가 뭔가에 대해 잘 몰라서 당황하게 되는 것을 좋아하지는 않지만, 어느 누구도 내가 알아야만 할 때라면 언제나 내가 알아야 할 모든 것을 알아야 한다고 말할 수는 없을 것입니다. 만일 내가 한 말에 대해 당신이 크게 반박하지 않는다면 당신이 나보다 특별히 더 나을 것이 없다고 생각하겠습니다.

그러나 우리 모두는 매일매일 조금씩 지혜로워지기를 바란다고 생각합니다. 내가 내린 몇 가지 바보 같은 결정들에 대해 뒤돌아보면서 "폴, 그건 멍청한 결정이었어."라고 스스로 말할 수 있다면, 적어도 더 멍청해지지는 않을 것입니다.

그런데 이것이 자살과 무슨 상관이 있을까요? 자살과 관련된 부분은 이것입니다. 사람들이 목숨을 끊는 것에 대해 생각할 때, 일반적으로 그들은 모든 사실을 알고 있지 못하다는 것입니다. 자살하려는 사람 대부분이 우울하고 명확하게 사고하지 못하기 때문에, 자신들이 알 것은 다 안다고 생각할 수 있겠지만 사실은 그렇지 않습니다. 자살은 영원한 해결책이고 돌이킬 수 없는 것이기 때문에 모든 사실을 고려한 다음에 결정을 내려야만 합니다.

내 말은 모든 요인을 다 고려해 보아야 한다는 것입니다.

자살에 대해 생각하고 결국 자살을 하기로 결심한 사람들에게 배운 것 중 하나는 이들이 일단 결심을 하고 나면 갑자기 기분이 좋아진다는 것입니다. 사실 이들 중 일부는 그 기분이 환상적이었다고 말했습니다. 또한 "드디어 내가 어떻게 해야 할지 알았다!" 라고 말하기도 했습니다. 이것은 우리가 너무나 고민하던 문제에 대한 해결책을 마침내 찾아냈을 때 느낄 수 있는 지극히 당연한 반응입니다. 마치 무거운 짐을 벗은 것만 같아서 우리는 대단한 안도감을 느끼는 것입니다.

하지만 잠시만 멈춰 보십시오. 물론 자살은 더 이상 상처받지 않게 해 줄 것입니다. 자살은 모든 문제를 날려 버릴 수 있을 것입니다. 또 자살은 살아야만 한다는 악몽에 종지부를 찍을 것입니다. 그러나 이 모든 일이 그렇게 간단할까요? 조금은 겁나지 않습니까? 이건 끝장이 아닙니까?

당신은 아마 이 마지막 질문이 좀 웃긴다고 생각할 것입니다. 물론 자살은 끝장입니다. 그러나 사람이 어릴수록 죽음에 대해, 그리고 죽음이 정말 끝이라는 사실에 대해 잘 모른다는 점을 알게 되면 놀라게 될 것입니다. 그러나 나이가 들면서 죽음에 대해 더 많은 것을 보게 되고, 그 과정에서 자살 시도라는 것이 정말로 최종적인 결정이라는 것을 알게 될 것입니다. 자살하려는 젊은이들과 일하는 내 친구가 최근에 이런 말을 한 적이 있습니다. "어떤 아이는 자살이 사라지는 거라고 생각해. 그는 큰 문제가 생기면 이렇게 말하곤 하지. '이번 주에는 자살을 해 봐야겠군. 별로 효과가 없으면 다음 주에는 다른 걸 해 보지, 뭐.'"

다음 주라니!!?

이 책에서 내가 다른 어떤 일보다 우선적으로 해야 할 일은 쉽고 간단해 보이는 해결책이 실제로는 그렇게 쉽고 간단한 것이 아니라는 것을 당신에게 확실히 보여 주는 것입니다. 자살은 복잡하고 까다로운 일이며, 그것이 문제를 해결해 주는 만큼이나 많은 문제를 만듭니다. 사실 자살에 대해 생각을 한다거나 시도를 해 보았다고 해서 당신이 미쳤다고까지 할 것은 없습니다. 그러나 내가 농담을 좀 해도 용서해 준다면 좋겠는데, **자살은 당신의 건강에 해를 끼칠 수 있습니다.**

02

죽는다는 생각

이번에 내가 이야기하고자 하는 것은 목숨을 끊어야겠다는 생각이 처음에 어디에서 왔는가 하는 것입니다. 이것은 어느 날 갑자기 머릿속에 떠오른 것이 아닙니다. 하지만 당신에게 어떻게 그런 생각을 하게 되었는지 물어볼 수는 없으므로, 나는 당신이 스스로 이것을 알아내도록 최선을 다해 도우려고 합니다.

지금 당장 1분만 시간을 내서 스스로에게 물어보십시오.

"언제부터 나는 자살을 해야겠다는 생각을 하기 시작했을까?"

"내가 아는 사람 중에 자살로 죽은 사람이 있는가?"

사람은 서로를 통해 많은 것을 배우기 때문에, 우리 모두는 알게 모르게 우리가 아는 사람들에게, 그리고 모르는 사람들에게 본보기가 됩니다. 우리는 공적인 저녁식사에 초대되었을 때, 옆 사람을 보면서 어느 포크를 집어야 하는지 배웁니다. 우리는 머리를 길게, 혹은 짧게 자르는데, 이것은 같은 또래 사람들이 주로 어떻게 하고 다니는지를 보고 하는 것입니다.

미국에 사는 사람이라면 모두 메릴린 먼로가 자살로 죽었다는 사실을 알고 있습니다. 우리는 소설가 어니스트 헤밍웨이가 자살했다는 것도 압니다. 우리는 늘 자살로 죽은 사람들에 관한 이야기를 읽게 됩니다. 그러다 때로 우리는 "메릴린 먼로 같이 예쁘고 돈도 많고 성공한 사람도 자살할 수 있는데, 왜 내가 안 되겠어?"라는 생각을 합니다.

가족 중에 누군가가 자살로 죽었을 수도 있습니다. 만일 우리 부모 중 한 분이 자살로 돌아가셨다면, 우리는 당연히 "아버지가 더 이상 견딜 수 없었다면, 내가 어떻게 견디겠는가?" 하고 반문할 것입니다.

또는 우리의 절친한 친구나 같은 학교에 다녔던 누군가가 자살로 죽었을 수 있습니다. 우리가 사는 동네를 둘러보거나 신문을 보거나 TV 뉴스를 볼 때 아주 분명한 것이 있습니다. 바로 자살하는 사람은 언제나 있다는 것입니다. 당신이 이 짧은 글을 읽는 동안에도 세상 어딘가에서는 사람들이 자살로 죽어 가고, 몇 배나 더 많은 사람이 자살 시도를 합니다.

세계보건기구(WHO)에 따르면, 자살은 노화로 인한 사망을 제외한 사망 원인 중 순위가 꽤 높습니다. 세계에서 매년 백만 명 이상이 자살로 사망하는 것으로 추정되며, 하루에 2,700명 이상이, 그중 80명

정도가 미국에서 자살하는 것으로 추정됩니다.

이것이 우리에게 말해 주는 것은 무엇일까요? 우리는 자살로 죽어야겠다는 아이디어를 누군가 다른 사람에게 배운다는 것입니다. 나는 그 해결책이 전부 우리 스스로 생각해 낸 것이라고 보지 않습니다. 자살은 새로운 것이 아니며 인류가 존재한 이래 언제나 있어 왔습니다. 그러므로 만일 우리가 자살로 문제를 해결해 보겠다는 생각을 가지고 있다면 우리는 이것을 누군가—친구나 가족이나 유명한 사람—에게서 배운 것이라고 보아야 합니다. 어디에선가 어떤 사람이 자살은 우리도 할 수 있는 것이라는 점을 보여 준 것입니다. 누군가 다른 사람이 그런 방식을 보여 주었을 때, 똑같은 방식을 취하는 것이 더 쉬워 보이지 않겠습니까?

이와 관련된 연구에서도 명백한 결과를 제시하고 있습니다. 메릴린 먼로 같은 유명인사가 자살을 하면 자살률이 올라간다고 합니다. 자신들의 문제는 해결될 수 없는 것이라고 생각했던 사람들이 메릴린의 예를 보면서 자기 파괴적인 생각을 현실적인 가능성으로 전환하는 것입니다. 어쩌면 그들은 이렇게 말했을지도 모릅니다.

"그게 메릴린에게 좋은 것이었다면 나에게도 좋을 거야."

십 대들의 우상이었던 한 일본인이 투신자살을 하자 며칠 안에 최소한 16명의 십 대 청소년들이 따라서 자살을 했습니다. 이들 중 일부는 투신자살을 했으며, 대부분 유서 같은 것을 남겼는데, 거기에서 보면 이들이 자신의 우상을 본보기로 삼았다는 것을 알 수 있습니다.

이러한 일들이 우리의 가정 가까이에서도 일어납니다. 어느 고등학교에서 한두 명의 학생이 자살을 했을 때, 좀 더 많은 학생이 자살을 하려는 경향이 있습니다. 또한 가족 중 누군가가 자살로 죽었을 때, 나머지 가족 구성원도 자살로 죽는 경향이 있습니다. 옳은 것이든 아니든 간에 우리는 다른 사람들이 하는 것을 보고 배웁니다.

나와 함께 상담 작업을 했던 한 남자는 자살을 아주 심각하게 고려하고 있었습니다. 그의 아내는 다른 남자와 바람이 났고, 자녀들은 여러 가지 문제를 일으켰으며, 직장에서도 제대로 되는 게 없었습니다. 나는 그에게 어떻게 자살할 생각을 하게 되었는지 물었습니다.

"글쎄요."

그가 대답했습니다.

"부모님이 두 분 다 자살하셨어요."

나는 어머니와 아버지 모두가 자살한 사람을 만난 적이 없었습니다. 그러나 그가 왜 계속 살아야만 하는지에 대해 내가 뭐라고 이야기할 수 있건 간에, 나는 그의 인생에서 가장 강력하고 영향력 있는 사람들과 대적하고 있는 것이었습니다.

"그분들이 그랬을 때 난 겨우 다섯 살이었어요."

그가 말했습니다.

"하지만 그 사실이 나에게 그다지 많은 영향을 주었다고는 생각하지 않아요."

그러나 당연히 그것은 사실이 아니었습니다. 우리가 함께 작업을 해 나가면서, 그는 어려운 상황에 처할 때마다 자살 생각이 떠오르는데, 떨쳐 버리려고 아무리 애를 써도 떨쳐 버릴 수가 없었다는 말을 꺼냈습니다. 그는 자기 부모처럼 자살하지 않을 거라고 굳게 다짐했지만 자살에 대한 생각이 자꾸 떠오르는 것을 막을 수가 없었습니다. 그리고 이제 곤경에 빠지게 되자 그는 더 이상 그 생각을 피할 수가 없었던 것입니다.

그러므로 어떤 면에서 이 사람은 자살 생각을 피할 수 있는 방법이 정말로 없었던 것입니다. 이것은 첫 기억 이래로 그를 계속 따라다녔던 생각이었습니다. 이것은 마치 그의 부모가 그에게 끔찍한 선물을 안긴 것이나 다름없었습니다. 그들은 그에게 삶이 너무 힘겨울 때, 그가 할 일은 바로 자살이라는 것을 보여 준 것입니다.

그래서 나는 당신에게 다시 한 번 어디서 자살할 생각을 하게 되었냐고 물어야겠습니다. 당신과 가까운 누군가가 당신에게 그 길을 보여 주었습니까? 부모나 조부모, 삼촌, 이모, 아니면 친구가 당신에게 모델이 되었습니까? 또는 당신이 처한 비참한 현실을 당신이 아는 누군가와 비교하며 그가 자살을 할 만했다면 나도 할 만하다고 마음먹지는 않았습니까?

만일 당신의 대답이 '그렇다' 라면 나는 당신에게 간단한 질문을 하나 하겠습니다. '당신의 인생, 당신의 문제, 당신의 고통이 정말로 그들의 것과 똑같습니까? 당신이 그 사람과 똑같은 위기를 겪고 있고 그 사람과 똑같은 사람입니까?'

당신은 분명 아니라고 대답할 것입니다. 비슷하건 아니건 우리는 모두 완전히 다른, 완전히 독특한 존재입니다. 지구상에 우리와 완전히 똑같은 사람은 아직까지 없었고, 미래에도 없을 것입니다. 우리가 자신을 얼마나 좋아하건, 우리가 한 일에 대해 얼마나 많은 후회를 하건 간에, 우리는 적어도 세상에 다시 볼 수 없는, 세상에서 하나뿐인 사람인 것입니다.

세상에 그렇게 유일무이한 존재인데, 우리 자신만의 독자적인 결정을 내려야 하지 않겠습니까?

03

"나에게는 죽을 권리도 없단 말입니까?"

나와 함께 작업했던, 자살을 시도했던 많은 사람이 이 질문을 하곤 했습니다. 솔직히 나는 아주 그럴듯한 답을 가지고 있지 못합니다. 한편으로 나는 그 답을 할 수 없어서 좋습니다. 그러나 당신이 스스로에게 이와 똑같은 질문을 던진다고 상상하면서 내가 다른 사람들에게 말했던 것들을 당신과 함께 나누려고 합니다.

첫 번째로 심리학자인 나에게 당신이 죽을 권리가 있는지 없는지를 물어보는 것은 적절하지 않습니다. 나는 수련 과정이나 개인적인 경험 중에 특별히 그 주제에 대해 배운 적이 없었습니다. 나는 목사나 신부, 어떤 종교계 인사가 아닙니다. 나는 판사가 아닙니다. 좀 관련이 있다면 나는 사람이 목숨을 끊도록 돕는 게 아니라 삶을 살아가도록 돕는 수련을 받았습니다. 적어도 법적인 관점에서는, 비록 부분적이지만 당신에게 대답할 수 있을 것 같습니다. 맞습니다, 당신은 자신을 죽일 절대적인 권리를 가지고 있지 않습니다.

대부분의 나라에서 현재 자살을 시도하는 것은 여전히 법을 어기는 것이며, 당신이 자살을 시도한다면 불쾌한 법적 결과가 뒤따를 수 있습니다. 지금은 드문 일이지만 얼마 전까지만 해도 자살을 시도하는 사람들은 감옥에 보냈습니다. 그러나 지난 몇십 년 동안, 자살을 범죄라기보다는 증상이라고 보게 되었고 몹시 절망적인 사람들이 하는 행위이고, 어떤 도움을 받으면 자살 생각을 포기하고 삶을 영위하도록 할 수 있는 것으로 간주되고 있습니다.

솔직히, 이 죽을 수 있는 권리라는 것은 상당히 복잡한 문제입니다. 한쪽 극단에서는 그 어떤 상황에서도 죽을 권리가 없다고 주장하고, 또 다른 극단에서는 우리가 선택한 어떤 때라도 죽을 수 있는 권리가 있다고 합니다.

죽을 수 있는 권리에 대한 논쟁은 대부분 심각한 질병의 말기거나 고통스런 치료를 받아도 나아질 가망이 희박한 사람들이 의학적 치료를 거부하고 의사의 도움을 받아 죽음을 맞이할 수 있는 권리를 가지고 있느냐 아니냐에 집중되고 있습니다.

말기 질환을 앓는 사람들이 의사의 도움을 받아 '위엄 있는 죽음'을 맞이할 수 있도록 하는 것을 법제화하도록 압력을 가하는 조직들이 있습니다. 또 한편에서는 스스로 목숨을 끊건 다른 사람의 도움을 받건 간에 모두 반대하는 사람들도 있습니다. 어떤 부분에 있어서는 동의하지 않지만, 이 두 집단의 목적은 모두 사람을 위하자고 하는 것이며, 내가 아는 한, 젊고 건강한 사람들의 자살할 권리에 대해서 주장을 하고 있는 것은 아닙니다. 우리가 병이 있더라도 살아 있는 동안 세심한 통증 조절과 충분한 의학적 처치를 받을 수 있다면, 이런 논쟁은 사라질 것입니다.

만일 당신이 최근에 심각한 질병의 말기고, 살 수 있는 날이 얼마 남지 않았다는 진단을 받은 것이 아니라면, 당장은 다른 이유 때문에 자살을 생각하고 있는 것으로 간주하겠습니다.

당신은 "내가 자살을 시도했는데, 성공하지 못하면 어떻게 됩니까?" 라고 질문할지도 모릅니다.

대부분의 나라에 일종의 강제적인 치료에 관한 법률 조항이 있어서, 판사가 전문가의 판단을 근거로 추후에 자살 시도를 반복하는 것을 막기 위해 당신을 병원에 입원시킬 수 있습니다. 그러기 위해서 정부는 당신이 정신적으로 문제가 있고 치료가 필요하다는 것을 증명해야 합니다. 그러나 보통은 이런 모든 어려움 없이 처리될 수 있습니다. 그렇게 되면 당신은, 비록 일시적이지만 시민으로서의 권리를 상실하게 됩니다.

이미 언급한 바와 같이 자살로 사망한 대부분의 사람이 우울증과 대뇌장애(brain disorder)로 인해 고통을 받았지만, 당신이 목숨을 끊으려 한다고 해서 정신병이 있는 것은 아닙니다. 실제로 자살한 대부분의 사람은 법적인 의미에서 '정신이상자' 가 아닙니다. 여기서 우리는 아주 재미있는 문제와 마주치게 됩니다.

당신이 자살하는 것을 막기 위해 나와 같은 박사들이 법정에 서서,

정신질환을 이유로 당신은 자신을 해칠 위험이 있으므로 치료를 요한다는 등의 이야기를 합니다. 그러나 — 정말 이상한 일인데 — 당신은 몇 시간 또는 며칠 안에, 아침에 일어나서 "절대 자살은 안 하기로 결심했어요."라고 말할 수 있습니다. 당신의 말을 우리가 믿게 할 수 있다면, 당신은 병원을 나가 집으로 갈 수 있습니다.

질문: 당신은 이제 소위 정신질환에서 완전히 회복된 것일까요?

분명히 아닙니다. 왜냐하면 당신은 처음부터 '정신질환'을 가진 적이 결코 없었기 때문입니다. 그러나 이 말은 당신이 우울하지 않다거나 화나지 않았다거나 상담이 필요하지 않다는 것을 의미하지는 않습니다. 나와 같은 사람들의 관점에서 보면, 자살 사고나 자살 시도를 한 이후에 병원에 입원하는 것은, 단지 당신이 몹시 혼란스럽고 균형을 잃은 상태여서 — 적어도 그 시기에는 — 아주 나쁜 결정을 할 수 있는 위험성이 있다는 것을 의미할 뿐입니다.

그렇다면 당신은 다음과 같은 질문을 할 권리가 있습니다.

"만일 내가 '미친' 것이 아니라면, 왜 자살에 대해 생각하는 것이 증상이 되고, 그게 증상이라면 무엇의 증상이 되는 거죠?"

앞서 말했던 것처럼 당신이 자살에 대해 생각한다고 해서 정신질환을 앓고 있는 것은 아닙니다. 연구자들에 따르면 상당수의 사람들이 살면서 한번쯤은 자살을 고려한다고 합니다. 아마도 당신처럼 심각하게 말입니다. 이 사람들은 당신과 마찬가지로 정상적인 사람들입니다. 나는 자살을 심각하게 고려하고 있는 많은 사람과 이야기를 나누었습니다. 이들 중 어떤 사람은 자신이 자살에 대해 생각을 하고 있을 때에는 '일시적으로 비정상적인' 상태인 것 같다고 말했습니다. 아마도 이것이 지금 우리에게 필요한 정도의 좋은 설명인 것 같습니다.

현재 미국이나 대부분의 근대화된 나라에서는 자살을 허용하지 않고 있으며, 만일 당신이 자살 시도를 했다면—적어도 한동안—자유를 박탈당할 수 있다는 사실을 받아들이도록 합시다.

당신이 자살로 생을 마감하지 않도록 막기 위해 노력하는 사람들은 나와 같은 사람들, 즉 심리학자, 정신과 의사, 사회사업가, 간호사, 다른 정신건강 전문가들이나 약물 또는 알코올치료 전문가 등입니다. 경찰도 역시 책임을 맡고 있습니다. 이 전문가 집단—다른 더 나은 용어가 없으므로—을 정신건강 시스템이라고 부릅니다. 좋건 싫건 간에 당신이 자살을 기도하다가 발견되고, 또 자살에 결국 성공하지 못했다면, 당신은 바로 이 '시스템'을 만나게 될 것입니다. 만일 당신이 성공해서 당신 손으로 죽게 되었다면…… 글쎄요, 어떤 '시스템'이 당신이 남기고 간 일들을 처리해 줄 것인지 당신이 잘 알 것이라고 생각합니다.

많은 이유를 설명해서 당신을 지루하게 하지는 않겠습니다만, 당신이 반드시 주의해야 할 것이 있습니다. 그것은 바로 그 시스템이

항상 완벽하게 기능할 것이라고 믿어서는 안 된다는 것입니다. 만일 당신이 자살 시도를 했는데 실패했다면 이것을 고려해 보아야 합니다. 아마 경찰이 조사를 하러 나올 것이고, 그들이 필요하다고 생각하는 조치를 취할 것입니다. 그들은 당신을 병원으로 데리고 갈 수도 있고 아닐 수도 있습니다. 그들은 당신이 다시는 자살을 안 하겠다고 약속을 한다면 집으로 가도록 할 수도 있습니다. 또는 당신을 감옥에 보낼 수도 있는데, 특히 당신이 다른 누군가를 위태롭게 할 것이라고 생각한다면 그렇게 할 것입니다.

당신이 스스로 찾아가거나 친구나 가족, 또는 경찰에 의해 보내지건 간에 당신은 아마 의사를 만날 것이고, 그가 당신을 집으로 돌려보낼 것입니다. 당신은 정신병원에 입원해야 될 수도 있고, 그곳에 정신과 병동이 없다면 주립 정신병원으로 보내질 수도 있습니다. 이것은 병원과 당신이 속한 지역의 시스템이 어떤가에 달려 있습니다.

만일 의사가 당신이 정신과 병동에 입원해서 치료받을 필요가 있다고 생각하는데, 당신이 자발적으로는 병원에 입원하지 않으려고 한다면, 그들은 당신이 원하지 않더라도 정신요양기관으로 보낼 수 있습니다. 이미 언급한 것처럼 대부분의 나라에서 정부는 이를 허용하는 법안을 만들어 놓았습니다. 그리고 내가 말한 것처럼 당신은 적어도 한동안은 자유를 잃을 수 있습니다.

지금까지 '~할 수도 있다.'는 이야기를 많이 했는데, 그 이유는 비록 자살을 방지하기 위한 법이 제정되어 있긴 하지만 그 법이 정확히 똑같은 방식으로 집행된다기보다는 때와 상황에 따라 다르게 집행되기 때문입니다. 또한 이 시스템 안에 있는 사람들—심리학자, 정신과 의사, 응급실 담당자, 경찰관 등—은 자살하는 사람들에 대해 모두 다른 의견을 가지고 있습니다. 이들 중 일부는 솔직히 자살하려는 사람들을 좋아하지 않습니다. 또 어떤 사람들은 당신이 빨리 자살에 성공해서 다 끝내 버렸으면 하고 생각합니다. 어떤 사람들은 (이 이야기가 당신에게 새로울 것은 없겠지만) 당신이 죽건 살건 간에 상관하지 않습니다. 나는 어떤 사람이 이런 말을 하는 것을 들은 적이 있습니다. "죽을 작정을 한 사람들은 지금 말려도 또 죽으려고 할 텐데, 뭐 하러 번거롭게 간섭을 합니까?"

내가 말하고자 하는 요지는 이것입니다. 자살을 시도하는 것은 위험한 일입니다. 농담으로 하는 말이 아닙니다.

한 가지 확실한 것은 바로 당신이 자살을 시도하고 관할 기관에서 그것을 알게 된다면 그들은 어떤 조치를 취할 것이라는 점입니다. 만일 당신이 자살을 심각하게 고려하고 있다고 그들이 믿는다면, 당신의 자살을 막기 위해 그들은 할 수 있는 모든 법적인 조치를 취할 것입니다. 당신이 죽으려고 하는 이유가 아무리 합당한 것처럼 보이더라도, 그들은 마찬가지로 행동할 것입니다.

옳건 그르건 간에 당신은 우리의 관점에서 보아야 합니다. 당신이 스스로에게 위험한 행동을 할 것이라고 판단되면, 우리는 당신이 다시는 자살 시도를 안 하겠다고 말하는 것을 곧이곧대로 받아들이지 않을 것입니다. 우리가 당신을 잘 모를 수도 있지만, 적어도 우리는 당신이 마음에 심한 상처를 입어서 더 이상 살고 싶은 마음이 없는 사람이라는 것은 알고 있습니다. 우리가 이것을 아는 한, 두 손 놓고 앉아서 아무것도 안 할 수는 없습니다.

정신건강 전문가들 중 일부는 자살하려는 사람들을 막기 위해 어떤 조치를 취해야 한다는 생각에 동의하지 않는다는 경고도 해야 할 것 같습니다. 어떤 전문가들은 명백하게 미친 것이 아닌 한, 각 사람이 자신의 죽음이나 삶을 선택할 수 있는 궁극적인 책임을 가지고 있다고 믿습니다. 따라서 당신이 이런 전문가 중 한 사람을 만나게 된다면 그는 자살을 막으려고 애쓰거나 당신이 병원에 가야 한다고 생각하지 않을 것입니다. 그는 당신이 죽기로 선택할 수 있는 권리를 가지고 있다는 생각에 동의할 것이며, 당신의 죽음은 온전히 당신이 책임져야 하는 것이라고 할 것입니다.

그러나 대부분의 전문가는 자살을 하겠다는 위협이나 행동을 심각하게 받아들이고, 자살을 막기 위해 할 수 있는 모든 것을 하려고 할 것입니다. 운이 좋다면 당신을 정말로 잘 보살펴 주는 전문가를 만날 것입니다.

또한 의사들과 상담자들 그리고 병원과 정신건강센터는 늘 자살한 사람들에게 한 실수 때문에 소송에 걸려 있다는 것을 알아야 합니다. 누군가 자살을 하려 한다는 것을 알았지만 그의 의지에 반해 강제 입원시키는 것을 포함한, 모든 적절한 예방조치를 취하지 못해서 그가 자살을 했다면, 그들은 소송에 걸릴 수 있는 것입니다. 그러므로 우리 대부분은 적극적으로 자살을 하려는 사람을 만나면, 보수적으로 행동하게 되는 것입니다. 즉, 그를 잡아 두려고 합니다. 이것이 늘 '그들을 위해서 좋은 것' 인지 '우리를 위해서 좋은 것' 인지 말하기는 어렵습니다—아마 이것은 양쪽 모두에게 조금씩 좋은 일일 것입니다.

대부분의 나라에서 관련 기관들은 당신의 의지에 반해 보통 며칠에서 몇 주까지 당신을 병원에 입원하도록 할 것입니다. 그러나 만일 당신이 계속 자살을 하려고 시도한다면 그들이 필요하다고 느끼는 한 병원에 있도록 할 것입니다. 정신건강에 관련된 일을 하는 사람들에게, 이전에 자살 시도를 했던 사람을 퇴원시켰더니 그 다음날 그가 자살했다는 말을 듣는 것만큼 끔찍한 일이 어디 있겠습니까?

우리의 입장에서 볼 때, 우리가 할 일은 당신에게 다른 대안을 고려해 볼 수 있는 시간을 주고, 당신이 정말 죽기를 원하는지 다시 생각해 보도록 도움을 주는 것이라고 생각합니다. 자살을 고려했던 대부분의 사람이, 기분이 차츰 나아지고 위기가 지나가면서 조만간 살고 싶어 할 것이라는 점을 우리는 알고 있습니다. 이것을 알기 때문에 그들이 도움을 거부하더라도 시간을 좀 주려는 것입니다. 이것은 분명한 일입니다.

죽을 권리에 관해 남아 있는 몇 개의 글을 보면, 고대 그리스에서 자살하려는 사람은 원로원에 가서 자살하기 위한 허가를 받기 위해 재판을 신청할 수 있었습니다. 만일 그의 사유가 적절하다고 판단이 되면, 그는 독약을 복용해도 된다는 허가를 받았습니다. 오늘날 이런 고위 정부기관은 존재하지 않습니다.

종교에서는 대체로 자살을 죄로 간주합니다. 비록, 점점 많은 교회나 종교에서 자살을 병의 한 증상으로 보지만 여전히 대부분은 아직도 그러한 관점을 가지고 있습니다. 주요 종교에서 신이 생명의 기적을 주었기 때문에 오직 신만이 생명을 다시 거두어 들일 수 있다고 믿습니다. 신이 주신 것을 멈추게 할 권리는 인간에게 없다는 것입니다. 대부분의 종교에서 자살은 신의 의지를 거스르는 것입니다.

과거 수백 년 동안 자살은 죄로 간주되었습니다. 만일 당신이 스스로 목숨을 끊었다면 당신은 종교와 관련된 묘지에 매장되지 못합니다. 한때 어떤 곳에서는 자살한 사람의 시신을, 본받지 말라는 의미로 마을 한복판에 방치하거나 마을 밖 도랑에 아무렇게나 내팽개쳐 버리기도 했습니다. 중세에, 심지어 계몽기까지도 많은 나라에서 자살은 죽은 이후에도 종종 처벌의 대상이었습니다. 재산이 몰수되고 가족은 그의 '범죄' 에 대한 대가를 치러야 했습니다.

그러나 어떤 다른 문화에서는 자살이 특별히 법을 거스르는 행위가 아니었으며, 심지어 어떤 특정 상황에서는 명예로운 선택으로 받아들이기도 했습니다. 일본의 자살 행위가 많이 알려진 바 있으며, 그 문화에서, 그리고 어떤 상황에서는 자살이 세상을 떠나는 바르고 적절한 방식으로 간주되었습니다.

그리고 마지막으로, 다른 사람들을 살리고자 자신의 목숨을 희생한 사람들이 있습니다. 전우를 구하고자 수류탄 위로 제 몸을 던진 병사, 아이들로 가득 찬 학교 운동장에 추락하는 것을 피하기 위해 비행기에서 탈출하지 않은 비행사, 그리고 다른 사람들을 살리기 위해 자신의 희생을 감수한 많은 사람이 있습니다. 그러나 이들의 행위는 자살이라기보다는 영웅적 희생이라고 말할 수 있습니다.

그러나 다른 대부분의 나라에서 자신을 죽게 하는 것은, 특별히 그렇게 할 이유가 충분하다고 생각되지 않는 한 여전히 부정적으로 받아들여 집니다. 그리고 비록 아주 충분한 이유— 지속적인 심한 통증에 시달리고 있다거나 어쨌든 곧 죽게 된 경우 등— 가 있다고 하더라도 "그래요, 당신은 죽어도 됩니다."라고 말해 줄 권한이 있는 사람을 찾을 수 없을 것입니다.

그러나 나는 당신이 "도대체 이 사람이 뭘 알아? 내가 어떤 기분인지 어떻게 알겠어? 내가 무슨 일을 겪었는지도 모르는데, 뭐가 나에게 최선인지 도저히 알 턱이 없지."라고 생각하는 소리를 들을 수 있습니다.

그렇습니다. 당신이 생각했을 이 모든 것은 맞는 말입니다. 나는 당신을 모릅니다. 당신의 상황을 모르고, 무엇이 최선인지 모릅니다. 그러나 한 가지는 알고 있습니다. 만일 당신이 자살을 한다면 이 일방적인 대화는 끝이고, 당신이 할 수 있는 다른 대화도 더 이상 할 수 없다는 것입니다. 일단 당신이 떠나 버리면 당신이 죽을 권리를 가졌건 아니건 간에 그것은 더 이상 문제도 아닐 것입니다.

그러므로 이제 동의해야 할 것이 있습니다. 자살이 법에 어긋난 것이고, 당신이 믿는 신이 누구든 신의 뜻을 거스르는 것이며, 또 친구나 가족을 저버리는 일일지라도, 당신과 나는 여전히 당신이 자살할 수 있다는 것을 알고 있다는 점에 동의합시다. 만일 당신이 정말로 목숨을 끊기를 원한다면, 당신은 할 수 있습니다. 나는 확실히 당신을 막을 수 있다고는 생각하지 않으며, 당신의 친구들이나 부모, 경찰도 당신을 막을 수 없을 것입니다. 비록 그들이 당신을 며칠 또는 몇 주 동안 병원에 입원시킨다 하더라도, 그리고 당신이 자살에 대해 더 이상 말하지 않고, 다시는 자살을 하지 않겠다고 의사에게 약속을 했다 하더라도, 그들이 당신을 내보내면 당신은 다시 자살을 시도할 수 있습니다.

당신과 나, 둘 다 알고 있습니다. 솔직히 말하자면, 당신이 살 것인지 죽을 것인지를 결정할 수 있는 사람은 오직 한 사람뿐이라는 사실을 당신과 나, 둘 다 알고 있는 것입니다. 그건 내가 아닙니다. 그렇죠?

그렇습니다.

04

정말 확신할 수 있습니까

내가 이 책을 쓰고 있다고 말하자 한 친구가 "글쎄, 그 사람들이 그 책을 계속 읽는 한, 죽음에 대한 최종적인 결정을 내린 것은 아니겠지."라는 말을 했습니다.

그러므로 아직은 내가 당신의 주의를 끌고 있으므로, 당신이 아직 최종적인 결정은 하지 않은 것으로 간주하려 합니다. 또는 당신이 결정을 했다 해도 다시 생각해 보려는 마음이 있을 수 있습니다. 누군가 이야기했던 것처럼 정말로, 최종적으로, 단호하게 자살할 결정을 내렸다면, "그는 이미 10분 전에 죽었습니다."

내가 이 순간 진심으로 바라는 것은 당신이 목숨을 끊을 것인지에 대해 여전히 확신하지 못하는 것입니다. 나는 자살하려는 수백 명의 사람들과 이야기를 나누어 봤습니다. 때문에 내 추측이 맞다면, 아마 당신은 지금이 인생의 가장 암울한 순간이라 하더라도 살 것인지 죽을 것인지 사이에서 아직 오락가락하고 있을 것입니다. 이러한 사실이 당신을 조금 더 편하게 하지 못할 테지만, 자살을 고려하는 거의 모든 사람은 자살 기도를 하는 마지막 순간까지도 살 것인지 죽을 것인지에 대해 확신하지 못합니다. 다리에서 거친 강물로 뛰어들어 자살을 시도했으나 살아남은 여자와 면접을 했던 일을 아직 기억합니다. 그녀는 비옷을 입고 있었는데 '물에 젖는 게 싫어서' 그걸 입었다고 했습니다.

내가 당신의 머리와 마음속에서 어떤 일이 벌어지고 있는지에 대해 또 하나의 추측을 하자면, 당신은 살 것인지 죽을 것인지에 대해 자신과 길고 어려운 논쟁을 하고 있을 것입니다. 심리학에서는 이것을 양가감정이라고 합니다.

양가감정은 간단히 말해, 어떤 행동의 부정적인 측면과 긍정적인 측면을 검토하면서 가능한 한 최선의 결과를 얻으려고 고군분투하는 것입니다. 이것은 동시에 두 가지 반대되는 감정을 가지는 것을 일컫는데, 어떤 것을 원하면서 동시에 원하지 않는 것입니다. 때로는 죽는 것이 최선인 것처럼 보이고, 때로는 사는 것이 최선인 것처럼 보입니다. 이러한 양가감정은 당신이 잘 알고 있듯이 매우 견디기 어려운 것입니다. 죽음과 삶의 균형이라는 것은 매우 위태로운 것이며, 이것에 대해 생각하는 것은 사람을 매우 소진시키는 일입니다. 양가감정은 몹시 아픈 치통처럼 나타났다가 사라집니다.

당신에게 양가감정의 심리학이나 그것이 무슨 뜻인지에 대해 강의할 생각은 없습니다. 다만, 당신이 자살하려는 결정에 대해 아직 확신이 없다는 것은 너무나 자연스러운 일이라는 점과 자살하는 것에 대해 자기 자신과 대화를 나누는 것이 당신을 미쳐 버리게 할 것이라고 느낄 수도 있겠지만, 그러한 자기와의 대화는 꼭 필요한 것이고 아주 중요한 것이라는 점을 인식하기 바랍니다.

양가감정에 대해 내가 가장 염려하는 것은 당신의 살려는 욕구가 정교한 접시저울의 한쪽을 차지하고, 또 죽으려는 욕구가 다른 한쪽을 차지하고 있는 것입니다. 양쪽의 강한 욕구가 지금 당장은 균형을 이루고 있지만, 무엇이 저울을 이쪽이나 저쪽으로 기울게 할지는 당신이나 나, 그 누구도 알 수 없습니다. 예를 들어, 오늘쯤 도착할 것이라고 기대했던 편지가 오지 않은 것처럼 그 자체로는 작은 일이지만 그러한 실망이 저울을 부정적인 쪽으로 조금 더 기울게 할 수 있는 것입니다. 다른 한편으로, 당신이 좋아하는 누군가에게서 걸려온 전화가 저울을 다른 쪽으로 조금 더 기울게 하고 모든 것이 좀 더 좋아지도록 변하게 할 수 있습니다. 이것은 양가감정이나 미묘한 균형이라는 것이 얼마나 겁나는 일인가를 여실히 보여 줍니다.

한때 자살에 대해 생각해 보았던 사람들은 그 생각을 해 보았기 때문에 더 강한 사람이 되었다고 생각합니다. 그들은 죽음이라는 선택을 상세히 검토해 보고 나서, 산다는 것이 힘겨운 일이기는 하지만 여전히 살기로 마음을 먹은 사람들입니다. 한 젊은이가 내게 말했습니다.

"저는 자살에 대해 생각해 본 적이 있어요. 총을 장전하기까지 했었지만, 제가 방아쇠를 당기기에는 너무 겁쟁이라는 것을 깨달았어요."

"겁쟁이라고요?"

내가 물었습니다.

"글쎄요, 그땐 죽는 게 두려웠던 것 같아요."

그가 말했습니다.

"하지만 저는 이제 죽음을 두려워하지 않아요. 결국, 저는 죽음을 두 눈으로 똑똑히 본 거죠."

아마도 우리가 죽음을 똑바로 직면하기 전까지는 삶을 그다지 잘 살고 있다고 할 수 없을 것입니다. 죽음을 직면하고 나서야 우리는 좀 더 강해지는 것 같습니다. 그렇게 한 이후에야 우리는 삶과 가까워집니다. 나는 그렇다고 생각합니다.

당신은 자신의 양가감정을 이런 식으로 볼 수 있을 것입니다. 즉, 우리 중 누구도 죽음을 경험해 보지 못했기 때문에, 죽음(우리가 잘 모르는 것)에 대해 긍정적이 되는 것 보다 삶(우리가 아는 것)에 대해 부정적이 되기가 더 쉽습니다. 우리가 자신의 죽음을 직면했을 때에야 비로소 죽음이 더 이상 그럴듯한 것으로 보이지 않을 것입니다.

강물에 뛰어들어 자살을 하려 했으나 실패한 한 남자의 이야기를 해 봅시다. 그가 물살에 떠밀려 내려가고 있을 때, 한 경관이 그를 구하고자 밧줄을 던졌지만, 그는 밧줄을 잡으려 하지 않았습니다. 그러자 경관은 총을 꺼내 그를 겨냥하고는 쏘겠다고 위협했습니다. 그는 좀 더 확실하게 죽음을 직면했고, 마침내 밧줄을 잡았습니다.

목숨을 끊겠다고 결심하고 아무런 의심도 하지 않는 사람들보다는 당신처럼 여전히 주저하고 확신하지 못하는 사람이 스무 배쯤 더 많다는 것을 알아 두면 도움이 될 것 같습니다. 또한 당신이 만일 내 사무실에 나와 함께 있다면, 나는 당신이 그랬으면 하고 바랐을 것입니다. 나는 당신과 내가 죽음을 두 눈으로 직시할 용기가 있기를, 그리고 그것에 대해 말하는 것을 두려워하지 않기를 바랍니다. 우리가 그렇게 할 수 있다면 우리 모두가 언젠가는 반드시 죽음을 맞이해야만 한다는 사실을 직시하게 될 것이고, 그것에 대해 이야기함으로써 우리는 인생이 무엇인지, 그리고 우리에게 남아 있는 시간 동안 무엇을 할 수 있을지에 대해서 좀 더 잘 이해할 수 있을 것입니다.

목숨을 걸고 하는 도박–가장 위험한 게임

고통스럽고 살 것인지 죽을 것인지 결정하기 어려울 때, 우리는 때로 죽음을 가지고 장난을 칩니다. 자살을 놓고 장난을 하는 것입니다. 우리는 자신을 죽일 수 있는 어떤 일을 합니다. 그러나 일어날 수 있는 일에 대해 전적으로 책임을 지려고 하지는 않습니다. 우리는 자신에게 말합니다.

"죽으면 죽는 거지, 뭐."

"살아남는다면, 이번에 정말 죽을 생각은 없었다는 뜻이겠지."

이것은 마치 동전을 던져 앞면이 나오면 살고 뒷면이 나오면 죽겠다는 것과 같습니다.

조(Joe)라는 이름의 젊은이가 있었습니다. 그는 자동차로 구불거리는 산길을 매우 빠른 속도로 달렸습니다. 그는 여자 친구가 다른 남자를 만나면서 자신을 차 버렸기 때문에 몹시 화가 났고 마음에 상처를 입었으므로 차라리 죽는 게 낫다고 생각하고 있었습니다. 그의 차는 매우 빠른 속도로 미끄러지다 결국 충돌하고 말았습니다. 그러나 차만 완전히 부서졌고 그는 살아남았습니다. 내가 병원에서 그를 보았을 때, 그는 자신이 자살을 하려고 했던 것 같다고 말했습니다.

"죽고 싶었나요?"

내가 물었습니다.

"잘 모르겠어요. 그랬던 것 같아요."

"지금도 죽고 싶은가요?"

"물론 아니죠."

조가 말했습니다.

"그건 바보 같은 짓이었어요. 이제 보험료가 오르게 생겼어요."

그러고 나서 그는 웃으며 산으로 향하기 전에 안전벨트를 잘 했는지 확인했었다고 말했습니다.

"음, ……만약을 대비해서요."

이것이 양가감정입니다.

당신이 자살에 대해 생각한다고 해서 미친 것은 아니라고 말한 바 있지만, 죽음을 놓고 이런 식으로 도박을 하는 것은 분명 미친 짓이라고 생각합니다. 이것은 연발권총에 총알을 한 발 장전하고 탄창을 돌리고 총구를 머리에 겨눈 뒤 방아쇠를 당기는 것과 같은 짓입니다. 이것은 "내가 정말로 죽기를 원하는지는 잘 모르겠어요. 하지만 정말 죽는지 어디 한 번 해 보지요."라고 말하는 것과 같습니다. 어느 정도 먹으면 죽을 수 있는지 알지 못한 채, 수면제를 한 움큼 먹은 사람이 있었습니다. 그녀는 깨어날 수도, 깨어나지 못할 수도 있는 그 일을 오로지 운명에 맡긴 것입니다.

적어도 내 생각에 그것은 끔찍한 도박이며, 그가 얼마나 절망적인지 이해한다 해도 하나뿐인 목숨을 우연에 맡겨 버린다는 것은 세상에서 가장 나쁜 해결책입니다(당신이 자살 시도를 했다가 실패하면 어떤 일이 생길 수 있는지에 대해서는 다른 장에서 좀 더 이야기할 것입니다).

정말 죽기를 원하는지에 대해 확신을 갖지 못하는 것은 자살 위기에 빠진 사람들에게 정상적인 일이며, 또 괜찮은 일입니다. 나는 당신이 이런 불확실성이 하루나 이틀이 지나면 조용히 사라져 버릴 것이라고 생각하길 바라지 않습니다. 그러나 이것은 사라져 버립니다. 양가감정으로 인해 절망적인 시간을 보내고 있는 대부분의 사람은 시간이 멈추어 버린 것 같다거나 매우 더디게 움직이는 것처럼 느낍니다. 세상은 정상적인 속도로 돌아가고 있는 것 같은데, 자신에게만은 시간이 멈추어 버린 것 같습니다. 상황이 변하기 시작할 때까지, 당신이 경험하는 것을 당신과 같은 마음의 틀을 가진 사람들도 마찬가지로 경험하고 있다는 것을 알면 도움이 될 것입니다. 그게 다 그런 것입니다.

당신이 알아 두었으면 하는 또 한 가지는 바로 자살의 논리입니다. 더 이상 피할 곳이라곤 없는 궁지에 몰려 있고, 죽음과 삶의 양가감정에 사로잡혀 있을 때, 당신은 자신이 명확하게 판단하고 있다고 생각할지 모릅니다. 그러나 실은 그렇지 않습니다. 실제로 당신은 우울하고, 우울한 사람들은 종종 명확하게, 그리고 제대로 생각하지 못하곤 합니다(우울증에 대해서는 이후의 장에서 좀 더 다룰 것입니다).

이런 생각을 고려해 봅시다.

"내 삶은 나아져야 한다. 그렇지 않으면 나는 죽어야만 한다."

이런 생각이 친숙하게 들린다면 스스로에게 한번 물어봅시다.

"세상일이 반드시 A 아니면 B입니까?"

만일 당신 생각이 '그렇다' 라면 당신은 일종의 일방 논리(one-way logic)에 빠져 있는 것입니다. 이것은 위험한 일입니다.

어쩌면 당신의 삶은 나아지지 않을 것이고, 만사가 비참하고 절망적이며, 당신의 우울증은 영원히 계속될 것이라는 생각에 잠시 동의한다고 칩시다. 선택 A, 즉 당신의 인생은 점차 좋아질 것이라는 것은 제외됩니다.

질문: 그러면 당신은 정말로 선택 B를 택해서 자살을 해야 합니까?

답: 글쎄요, 꼭 그럴 필요는 없습니다.

늘 선택 C가 있기 마련입니다. 선택 C에서 당신은, 예를 들자면 우울하고 비참한 상태로 그냥 계속 살 수 있습니다. 사람들은 언제나 그렇게 합니다.

자살 생각에 있어서 비논리적인 생각은 당신의 문제를 푸는 데 단지 두 개의 방법만이 있다고 생각하는 것입니다—위 아니면 아래, 삶 아니면 죽음. 선택 C(비참한 채로 그냥 계속 버틴다)에 대해서는 생각해 보지 않았을 것입니다.

삶이 나아지지 않는다면 자살을 해야 한다고 말한 사람은 바로 당신이라는 것을 기억하십시오.

여기 또 다른 자살 논리의 위험한 단면이 있습니다. 우리는 이것을 순환논리라고 부릅니다. 머릿속에서 맴도는 대화는 이렇습니다.

"나는 자살을 할 거야."

"왜 죽으려고 하지?"

"내 문제들은 해결될 수 없기 때문이야."

"문제가 해결될 수 없다는 것을 어떻게 알지?"

"바보 아니야? 내 문제가 해결될 수 있는 거라면 내가 자살을 하려고 하겠어?"

이런 종류의 논리는 마룻바닥에 신발을 못으로 박아 놓고 전속력을 다해 뛰려고 하는 것과 같습니다. 빨리 달리려고 할수록 더 어려워집니다. 자리에 앉아서 박힌 못을 뽑고, 그곳에서 벗어나 새로운 방향으로 걸어가는 과정이 당신에게 없었던 것입니다.

때로 이러한 순환논리에서 빠져나오기 위해서는 당신 이외의 다른 사람과 대화를 나눠 볼 필요가 있습니다. 한 발자국 떨어져서 바라볼 수 있는 사람 말입니다.

자살 논리에 대해 이러한 예를 드는 것이 당신에게 그리 많은 도움이 되지 못한다는 것을 잘 알고 있습니다. 또한 당신의 상황이나 기분을 나아지게 하는 모든 것 중에 "기운 내세요. 당신은 살아야 할 이유가 많이 있잖아요."라고 말하는 것이 제일 도움이 안 되는 말이라는 것을 잘 알고 있으므로 그런 말은 하지 않을 겁니다.

그러나 보통사람들이 당신이 자살할 생각을 한다는 것을 알게 되었을 때, 당신에게 이 '기운 내라'는 메시지를 이야기할 가능성이 꽤 많다는 점은 알았으면 합니다. 이것은 당신의 논리적인 주장을 반박하기 위해 애쓰는 그들의 논리적 주장인 것입니다. 이 주장은 당신 것과 마찬가지로 단순합니다. 불행히도 당신이 절망적일 때에는 이 두 가지 논리 중 어느 쪽도 가치가 없습니다.

우울한 사람을 기운 차리게 하려는 어떤 사람에 대한 오래된 우스갯소리가 있습니다. 그는 말합니다.

"기운내세요. 상황이 더 나빠질 수도 있어요!"

우울한 사람은 기운을 차렸고 정말로 상황은 더 나빠졌습니다.

그러므로 당신을 괴롭히는 양가감정을 끝내거나 자살 위기에서 빠져나오는 방법을 생각해 내는 것이 쉽다고 말해서 당신을 조롱하지 않을 것입니다. 나는 결코 알 수 없는, 당신이 길고 긴 전투에서 패배한 이후에 죽음에 대해 심각하게 생각하기 시작한 바로 그 지점으로 결국 돌아올지도 모릅니다.

점점 쌓여 가는 실망감과 반복되는 작은 일들에 치여 죽고 싶을 수도 있고, 또는 그것을 잃는다는 것은 상상할 수도 없었던 어떤 소중한 것을 잃었을지도 모릅니다. 어느 쪽이든 일단 자살 위기가 시작되면 "빙고! 당신의 위기는 끝났어요."라고 말할 수 없을 것입니다.

다른 한편으로, 영원이 지속되는 위기는 없다는 것과 상황이 변할 때까지 죽음에 대해 확신이 서지 않는 것은 괜찮고 또 정상적인 일이라는 것을 당신이 알기 바랍니다. 그리고 당신이 먼저 자살을 하지 않는다면, 상황은 변할 것입니다. 때로는 좀 더 나은 쪽으로 말입니다.

05

한 걸음 뒤로 물러나 보세요

내가 이 책을 쓰기로 한 방식 때문에 당신에 대해 또 다른 가정을 하려고 합니다. 만일 당신이 자살에 대해서 생각해 왔다면, 어떻게 자살을 할 것인지에 대해서도 생각해 보았을 것이라는 가정입니다. 이런 마음의 틀 속으로 들어가게 될 때, 우리는 곧 실제로 어떻게 자살을 할 것인가를 생각하기 시작합니다. 자살은 영원하고 돌이킬 수 없는 결정일 뿐만 아니라 돌이킬 수 없는 '방법' 을 담은 프로젝트입니다.

그러나 나는 당신이 마음속으로 무슨 생각을 하는지 짐작하는 수밖에 없기 때문에 경험에서 우러난 추측을 좀 하려고 합니다. 나는 당신이 무슨 일을 하려는 것인지 물어보려고 합니다.

잠시 생각해 봅시다. 사람을 죽인다는 것은 쉬운 일이 아닙니다.

당신이 자살을 계획하고 있다고 해도 어떻게 그것을 실행할 것인지에 대해서 생각을 해야 합니다. 우리는 이것을 방법론, 또는 수단이라고 합니다. 우리는 자살하려는 사람과 상담할 때 "어떤 방법으로 목숨을 끊을 계획입니까?"라고 질문합니다.

만일 어떤 사람이 "아직 잘 모르겠어요."라고 한다면, 그는 "금요일 오후 세 시에 45구경 자동소총으로 죽으려고요."라고 말하는 사람보다 위험도가 훨씬 낮다고 생각할 수 있습니다.

한마디로 계획이 구체적일수록 자살할 위험성은 더 높아집니다. 이상하게 들리겠지만 당신이 어떤 종류의 계획을 고려하고 있는지, 언제 어떻게 하려고 하는지 알 수 없기 때문에, 한 가지 제안을 하려고 합니다(당신이 심리학자들은 어쨌든 좀 이상하다고 생각해 왔다면 이게 바로 그 증거가 될 수 있겠군요).

내가 당신에게 바라는 것은, 적어도 지금은 자살 결정에서 뒤로 조금 물러나 보라는 것입니다. 이 말은 당신이 나중에 앞으로 나갈 수 없다는 것이 아닙니다. 지금은, 적어도 오늘은, 벼랑 끝에서 조금만 물러서 보라는 것입니다. 상황을 제대로 보려고 노력하는 동안, 당신은 그동안 모아 둔 알약을 변기에 넣고 물을 내려 버릴 수도 있고, 권총을 친구에게 주거나, 면도칼을 버리거나, 높은 빌딩이나 다리에 올라가는 것을 그만둘 수 있습니다. 간단히 말해, 목숨을 끊을 수 있는 수단에 접근할 가능성을 줄이기 위해 필요한 어떤 조치든 취하라는 것입니다.

내가 당신에게 이렇게 하라는 이유는 단순한 것입니다. 우리 중 누구라도 완벽한 기회가 눈앞에 있다면 유혹을 받을 수 있습니다. 우리가 혼란스럽거나 불행하거나 화가 나 있을 때 뭔가 저지르려는 유혹에 저항하는 것은 어려운 일입니다. 그러므로 우리를 자극하는 것들을 눈에 띄지 않는 곳으로, 그리고 손이 닿지 않는 곳으로 치운다면, 우리와 충동 사이에 약간의 시간을 끼워 넣을 수 있을 것입니다. 당신이 일단 한 발자국 뒤로 물러서면, 때로 사물이 다르게 보이기도 합니다. 어떤 때는 그렇게 할 수 없겠지만, 어떤 때는 그렇게 할 수 있습니다.

자살을 시도했던 많은 사람과 이야기를 나누고 나서, 나는 일단 그들이 계획을 행동으로 옮기게 되면, 때로 그 탄성(彈性)을 멈추게 하기가 매우 어렵다는 것을 알았습니다. 자살을 시도했던 마지막 순간까지 마치 계속 일을 진행해 나가야만 할 것처럼 느꼈다는 이야기를 한 사람도 있었습니다.

"결국 나는 되돌아올 수 없는 데까지 갔었어요."

그러나 되돌아오기에 너무 늦은 때라는 것은 없습니다.

어쩌면 이런 식으로 생각하는 것이 도움이 될지 모르겠습니다. 우리 중 누구도 이 세상을 살아서 벗어날 수는 없을 것입니다. 시간은 우리 모두를 거스르며 째깍거립니다. 그러므로 당신이 죽을 것이라는데 '만약' 같은 것은 절대 없습니다. 언제, 어떻게 죽느냐가 있을 뿐입니다.

이 말이 좀 무시무시하게 들릴 수도 있겠지만, 여기에서 우리가 심각한 주제를 이야기하지 않기로 한 것은 아니니까요. 우리 중 누구도 죽음의 문제를 피할 수 없다는 것을 생각해 보십시오. 이것은 코미디언 우디 알렌이 농담으로 했던 "나는 죽는 게 두렵지 않아……. 단지 그 일이 생겼을 때 거기 있지 않았으면 할 뿐이지."라는 말과는 다른 것입니다. 죽는다는 것은 우리 중 누구도 취소할 수 없는 약속입니다.

자살을 생각하는 많은 사람이 자신의 목숨 이외에 그 어떤 것도 통제할 수 없지만, 적어도 언제, 어떻게 죽을 것인지는 통제할 수 있다고 생각합니다. 통제할 수 있다는 느낌은 좋은 것입니다. 그것은 당신이 처음으로 보조 바퀴 없이 자전거 타는 것을 배웠을 때와 상당히 비슷할 것입니다. 자신의 운명을 통제할 수 있다는 느낌은 우리에게 매우 중요한 것이며, 그것이 그토록 소중하기 때문에 많은 사람이 적어도 뭔가 통제할 수 있다는 사실을 확인하기 위해 자신의 목숨을 끊는 것입니다.

자살 계획을 행동으로 옮길 때의 나쁜 점은, 그것이 때로 자체의 파워를 가지게 되면서 그 힘이 고통받는 사람 위에 군림하여 자율권을 잃게 한다는 것입니다. 자살은 사람이 가진 권력을 궁극적으로 실현한 것일 수 있겠지만 결코 거기에 구속되어서는 안 되는 것입니다.

딸이 죽은 같은 날 자살을 하려고 계획을 세웠던 젊은 어머니가 있었습니다. 십 대였던 그녀의 딸은 암으로 한 해 전에 세상을 떠났습니다. 그녀는 남편마저 떠나자 비참하고 불행해서 몇 달 동안 죽고 싶어 했습니다. 죽음에 대한 생각을 계속하던 그녀는 마침내 딸이 죽은 날과 같은 날에 죽는 것이 좋겠다고 결심했습니다. 그러나 그 날이 가까워질수록 일이 잘 풀려서 상황은 좀 더 나아졌고 죽고 싶은 마음은 점점 작아졌습니다.

"그렇지만 14일에 죽겠다고 스스로에게 약속을 했어요."

그녀는 말했습니다.

"약속은 약속이니까."

다행히도 그녀는 이번 약속을 깰 수 없을 정도로 그렇게 약속을 잘 지키는 사람은 아니었습니다.

이 이야기의 또 다른 측면을 이야기해 봅시다. 목숨을 끊으려는 사적인 계획 속에서 그녀는 죽은 딸에게 14일에 만날 것을 약속했습니다. 우리가 이 생각에 대해 이야기하는 과정에서, 그녀가 딸의 입장이 되어 보니, 사실 딸은 그녀가 죽기를 바라지 않을지도 모른다는 것을 알게 되었습니다. 이 부담에서 벗어나자 그녀는 다른 종류의 약속을 할 수 있었습니다.

나는 당신에게 죽으려는 계획을 포기하라거나 어떻게 죽을 것인가 하는 생각을 버리라는 말을 하고 있는 게 아니라는 점을 이해해 주기 바랍니다. 그것은 어리석은 생각일 것입니다. 나는 당신의 생각을 통제할 수 없으며, 그 누구의 생각도 통제할 수 없습니다. 내가 당부하는 것은, 조금 뒤로 물러나서 당신에게 숨 쉴 수 있는 여지를 만들어 주고 잠시 곰곰이 생각해 볼 수 있는 시간을 주라는 것입니다.

이 책의 나머지 부분 어디에선가 당신의 마음을 변화시키도록 도울 수 있는 어떤 것을 발견할 수 있을 것입니다. 또는 앞으로 몇 시간 또는 며칠, 또는 몇 주 안에 예상치 못했던 일이 일어날 수도 있습니다. 당신이 살아야 할 이유를 만들어 줄 어떤 일 말입니다. 그러므로 자신을 위해 한 걸음만 뒤로 물러나십시오.

06

컵 속의 곤충

이제 우리가 함께 시간을 좀 보냈으니, 다음 몇 장에 걸쳐 나와 함께 어떤 탐색을 해 보도록 합시다. 나는 당신이 잠시, 지난 몇 주 또는 몇 달 동안 컵의 밑바닥에 갇혀 버린 곤충이었다는 상상을 해 보았으면 합니다. 어떻게 컵 속에 들어갔는지는 모르겠습니다. 어떻게 컵에서 나올 것인가 하는 것은, 당신이 하는 어떤 행동에 달려 있을 가능성이 제일 큽니다. 혹은 다른 누군가가 당신을 도와줄 수도 있을 것입니다. 그리고 어쩌면 내가 당신을 조금이나마 도울 수 있을 것입니다.

컵 속의 곤충이라는 생각은 나의 것이 아닙니다. 다른 심리학자에게서 들은 것인데, 그는 강의에서 우리 모두가 때로 당면하게 되는 주요 문제를 예시하기 위해 컵 속에 사로잡힌 곤충의 예를 들곤 했습니다. 말하자면 우리가 어떤 상황에 사로잡히면, 우리가 볼 수 있는 것에 의해 우리의 해결책이 제한을 받는다는 것입니다. 우리는 컵 안을 돌고 또 돌다가 탈출구가 없다는 것을 알고는, 이제 희망이 없고 영원히 갇힌 것이라고 단언해 버립니다. 기어올라가 보지만 다시 미끄러져 내려옵니다. 우리가 하는 모든 시도가 실패로 끝납니다. 그때 탈출할 수 있는 방법이 없다는 것을 확신하게 되면, 우리는 우울하고 무기력하고 절망적으로 느끼면서 때로는 자살을 하려고 합니다.

사람이라는 존재가 곤충보다 크고 똑똑한 것 같긴 하지만, 갇혀 있는 컵에서 빠져나오는 문제에 있어서는 우리가 늘 더 낫다고 장담하지 못하겠습니다. 우리 모두가 거기서 빠져나오는 방법을 생각할 수 있다는, 적어도 우리 스스로 할 수 있다는 확신은 들지 않습니다.

오늘 아침 신문에서 자살한 농부에 대한 이야기를 읽었습니다. 그는 아내와 가족을 남겨 두고 세상을 떠났습니다. 지금까지 그의 인생은 대체로 성공적이었지만 가축과 밀의 가격이 폭락하면서 그는 엄청난 빚을 지게 되었습니다. 아버지에게서 물려받은 농장을 운영하고 있던 그는 그 농장을 잃는 것이 전부를 잃는 것이라고 느꼈던 것 같습니다. 그래서 건강하고 아직 젊은 그 농부는 자살을 했습니다.

이 이야기를 읽으면서 나는 컵 속의 곤충 생각을 했습니다. 내 생각에 그 남자는 상황에 사로잡혀 탈출할 수 있는 방법을 볼 수 없었던 것 같습니다. 다시 그 이야기를 읽어 보니, 그 남자가 아내와 친구들에게 컵에 갇혀 있다는 말을 하지 않았다는 것이 분명하게 보였습니다. 사람들은 그의 자살에 '충격'을 받았습니다. 그러므로 그를 잘 알고 사랑하는 사람들에게 자신이 얼마나 덫에 걸린 것처럼 느끼는가에 대해 결코 말하지 않는다면, 그들이 할 수 있는 일이라고는 다만 '충격'을 받는 것이라는 결론을 내릴 수 있습니다. 그리고 적어도 이 이야기에서 그가 다른 가능한 해결책, 컵에서 빠져나올 수 있는 다른 가능한 방법을 시도해 보지도 않고 자살을 했다는 점은 분명한 것 같습니다. 한마디로 말해, 그는 '문제를 자기 속에 묻어두고' 있다가 가만히 죽은 것입니다.

어쩌면 당신은 나처럼, 그가 빚을 갚을 수 없기 때문에 자살을 한 것이 비극이라고 생각할지 모릅니다. 당신이 그의 입장이라면 좀 다르게 행동했을 것이라고 생각하고 있는지도 모르겠습니다. 농장을 팔고 사업을 시작한다? 캘리포니아로 이사 가서 예술가가 된다? 대학을 다시 다녀서 기술자로 일한다? 우리는 단지 그가 아직 살아 있다면 할 수도 있었을 것들에 대해 짐작할 뿐입니다.

그러나 내가 확신하는 것 한 가지는, 우리가 문제를 해결하기 위해 자신만을 의지하고 있는 한, 그것을 제대로 해결하는 데는 한계가 있을 것이라는 점입니다.

나와 함께 한번 상상을 해 봅시다. 당신은 나와 먼 행성으로 여행을 가게 되었습니다. 항공편은 예약이 되어 있고 우리는 다음 주 화요일에 떠날 것입니다. 짐을 쌀 수 있는 여유가 있지만 3일 안에 준비를 끝내야 합니다. 음식과 물은 제공될 것이고, 각각 열 개의 물품만을 가지고 갈 수 있습니다. 우리는 거기서 1년을 지내게 될 것입니다. 우리가 가장 먼저 해야 할 일은 무엇일까요?

각자 집에 가서 우리가 가장 가져가고 싶은 것들의 목록을 적어서 짐을 싸야 할까요? 아니면 우리가 우선 만나서 가져가고 싶은 것 스무 가지를 함께 정해야 할까요?

이 질문에 대한 답은 이런 간단한 게임을 해 본 경험이 있는 사람들에게는 분명하게 보일 것입니다. 한마디로 먼 행성으로 여행을 가면서 기타 두 개, 텔레비전 두 개, 똑같은 책 두 권, 이런 식으로 가지고 갈 필요는 없다는 것입니다. 그보다는 같이 만나서 상의를 한다면, 더 나은 목록을 만들 수 있을 것이고, 그러면 중복되지 않으면서도 우리가 가지고 가고 싶은 것을 더 많이 챙길 수 있을 것입니다. 내가 말하고자 하는 요점은 이렇습니다. 당신이 혼자서 모든 문제를을 해결해야 한다고 생각한다면 당신은 엄청나게 똑똑해야 할 것입니다.

내 경험상 사람들(나를 포함해서)은 자신들이 때로 그렇다고 생각하는 만큼 그렇게 똑똑한 것 같지 않습니다. 우리는 우리의 눈과 귀와 머리가 모두 제대로 작동하고 있으므로 이전에 결코 경험해 본 적이 없는 모든 상황에 대해서 어떻게 대처해야 할지 알 수 있다고 생각합니다. 그러나 그것은 사실이 아닙니다. 우리 모두는 컵 속의 곤충과 같습니다—컵 속을 둘러보긴 하지만 컵의 꼭대기 너머를 보지는 못합니다. 우리는 그 너머에 무엇이 있는지 볼 수 없습니다. 우리가 보지 못한 것을 우리가 할 수 있을 것이라고 상상할 수는 없는 것입니다.

그렇다면 여기에 정보의 문제가 있습니다. 이미 언급했던 것처럼 나는 우리가 할 수 있는 한 최선의 선택을 한다고 믿습니다—우리에게 주어진 정보를 가지고 선택을 할 때 말입니다. 예를 들어, 자살을 하기로 결심한 사람들에게는 그것이 그들이 할 수 있는 최선의 선택이었다는 데 대해 의문을 품지 않습니다. 그들이 모든 면을 다 고려해 보고, 중요성을 따져 보고, 머릿속에 있는 컴퓨터에 모든 가용한 데이터를 다 넣어서 실행을 해 본 뒤에 나온 것이 그 답, 자살이었습니다.

하지만 잠시만 기다려 보십시오. 그들이 결정을 내리기에 앞서 모든 가용한 정보를 다 가지고 있었나요? 그들이, 예를 들어 자신이 경험하고 있는 우울증이 한시적(time-limited)이라는 것을 알았을까요? 언젠가 그들의 인생에 어떤 사람이 나타나 그들을 사랑하고 소중히 여길 것이라는 사실을 알았을까요? 며칠 안에 좋은 쪽으로 상황이 변하기 시작해서 세상을 바라보았던 관점이 바뀔 수도 있다는 것을 알았을까요? 아니면, 아까 했던 우주여행 게임에 나오는 사람처럼 그냥 집으로 가서 열 개의 물건만 챙긴 것은 아닐까요?

나는 자살이 언제나 어리석은 결정이라고 말하는 것이 아니라, 목숨을 끊기로 결심하기 전에 어쩌면 우리가 이전에 알지 못했던 어떤 것, 우리에게 다른 관점을 가지게 해 줄 수도 있는— 어쩌면 컵의 꼭대기 끝을 바라보게 할지도 모를— 어떤 것을 생각할 시간을 잠시 주어야 한다고 제안하는 것입니다.

그러므로 다음의 몇 장에서 나는 당신이 가지고 있지 않을지도 모르는 어떤 정보를 제공하려고 합니다. 이 정보가 보탬이 될 수도 있고 아닐 수도 있겠지만, 나는 분명 이것이 도움이 될 것이라고 장담합니다.

07

외로움

당신이 몇 살인지 알면 내가 이야기하는 데 상당한 도움이 될 것입니다. 왜냐하면 당신의 나이를 안다면, 당신이 겪은 일에 대해 어떻게 이야기해야 할지 더 잘 알 수 있기 때문입니다. 하지만 내가 그것을 알 수 없으므로 내가 할 수 있는 최선의 방법은 당신을 그냥 어떤 나이인 것처럼 생각하고 말하는 것입니다. 그리고 아마도 당신이 나보다는 어릴 것이라고 가정하고 이야기할 것입니다.

나는 오십 대입니다. 이렇게 오래 살았으므로 소년이라는 것이 어떤지, 십 대라는 것, 대학생, 군인, 결혼한 지 얼마 안 되는 젊은이, 아버지, 그리고 지금처럼 중년 남자가 어떤지에 대해 조금은 알고 있습니다. 하지만 내가 인생의 중간 정도의 지점에 서 있기 때문에 육십 대나 칠십 대, 팔십 대가 된다는 것이 어떤지에 대해서는 알지 못합니다. 그리고 인생의 마지막에 가까워진다는 것이 어떤 것인지 알 수 없습니다.

내가 이십 대보다는 육십 대에 가까워지기 때문에 젊다는 것이 어떤 것인지 정확하게 기억할 수 없습니다. 그러나 내가 인생 여정의 어디쯤에 와 있다는 것 때문에 너무 많은 사과는 하지 않으려고 합니다. 왜냐하면 그것은 내가 바꿀 수 있는 것이 아니기 때문입니다.

만일 당신이 나보다 훨씬 어리다면, 어쩌면 "이 노인네가 외로움이 나한테 어떤 의미인지 어떻게 말할 수 있겠어?" 라고 할지도 모릅니다.

또는 당신이 더 나이가 많다면, 당신은 어쩌면 "이 젊은이가 나도 아직 모르는 것을 어떻게 나에게 말해 줄 수 있겠어?" 라고 생각할 수도 있을 것입니다.

나는 여자가 아니기 때문에, 만일 당신이 여자라면, "어떻게 남자가 외로움이 나에게 어떤 의미인지 알 수 있겠어?" 라고 말할 수도 있을 것입니다.

이러한 모든 질문에 대한 나의 대답은 이렇습니다. 나는 당신의 외로움을 알 수 없으므로 아는 척하지 않을 것입니다. 하지만 나는 당신처럼 이 세상에 혼자 왔고 혼자 떠나갈 것이기 때문에, 우리 모두가 외로움을 경험한다는 것을 알기 때문에, 내가 외로움에 대해 알고 있는 어떤 것을 당신과 나눌 수 있다고 생각합니다. 외로움이라는 것은 가장 보편적인 인생의 경험입니다. 그것은 우리 모두가 공유할 수 있는 하나의 필요조건이며, 그것을 통해 우리는 서로를 더 잘 이해할 수 있습니다.

인구 동태 통계로 보면 우리 모두는 장벽을 가지고 있습니다. 우리는 우리의 나이, 세대, 인종 그리고 성별에 사로잡혀 있습니다. 좋건 싫건 간에, 우리는 우리 자신의 특정 시간과 공간 그리고 출생이라는 사건에 붙들려 있습니다. 그러므로 우리는 현재 우리 모습의 포로이며, 우리 모두 한계가 있다는 필연성 때문에, 우리가 인생에 대해 알고 있는 것에 있어서는 철저하게 외톨이입니다. 우리가 보는 것에는 제한이 있고, 타인에 대한 이해는 불완전합니다. 이런 식으로 우리는 모두 장님이며, 다른 사람의 인생이 어떠한지에 대해 결코 알지 못하고 더듬거릴 수밖에 없습니다. 다른 방법이 있을 수 없습니다.

나는 가난하다는 것이 어떤 것인지, 흑인으로 산다는 것이 어떤 것인지 결코 알 수 없습니다. 나는 보육원에서 성장한다는 것이 어떤 것인지, 내 피부색 때문에 욕설을 듣는다는 것이 어떤 것인지 결코 알지 못합니다. 나는 부유한 가정에서 태어나서 호화스럽게 산다는 것이 어떤 것인지 결코 알지 못합니다. 그러나 내가 이런 것들을 결코 알 수 없다고 해서 그것이 내가 그들을 이해하려고 노력할 수 없다는 의미는 아닙니다. 내가 다른 사람이 경험한 것을 똑같이 경험할 수 없기 때문에, 그들을 올바로 이해할 수 없고, 그들의 인생의 어려움을 함께 나눌 수 없는 것은 아닙니다.

그러므로 나는 당신에게 이것을 물어보고 싶습니다. '어딘가에 당신이 경험한 것과 똑같은 것을 느낀 사람이 있을까요?' '어딘가에

당신의 고통을 당신만큼 절실하게 알고 있는 사람이 있을까요?'

나는 당신의 대답이 '아니요' 이어야 한다고 생각합니다. 왜냐하면 우리 사람이란 그런 존재이기 때문입니다. 우리가 우리 자신을 가장 잘 알고 있으며, 친한 사람들은 꽤 잘 알고, 낯선 사람들은 전혀 모르는 것입니다. 그러나 이런 한계에도 불구하고 우리 대부분은 다른 사람을 이해하기 위해 우리가 할 수 있는 바를 다 하는 것이며, 우리의 능력이 닿는 한, 자신을 이해시키려고 노력하며 사는 것입니다.

이것이 우리가 외로움에 대해 이야기를 해야 하는 이유입니다. 이것이 어떤 의미에서는 우리 사이의 공통점입니다. 우리는 일생 동안 자신에 대해 품고 있는 생각과 감정을 제각각 가지고 있습니다. 개인적인 희망과 두려움 그리고 꿈을 가지고 있습니다. 비록 우리와 가장 친한 사람들이 이것에 대해 물어본다 해도 부인하겠지만 말입니다. 그러니 이제부터는 외로움에 대해 이야기해 봅시다.

외로움은 살인자입니다. 우리 인생 최대의 적입니다. 당신도 이미 알고, 나도 알고 있으며, 잠시 멈춰 자신의 인생의 의미에 대해 생각을 해 본 적이 있는 사람이라면 누구나 알고 있을 것입니다. 이것은 세상 그 누구도 우리에게 다가와서 외로움을 끝낼 수 있도록 우리를 보살펴 줄 수는 없다는 끔찍한 감정입니다. 이것은 다른 그 무엇보다 더 우리에게 상처를 주는 것이며, 아무도 우리를 원하지 않고 아무도 우리를 진심으로 생각해 주지 않는다는 감정입니다.

나는 당신을 놀리는 게 아닙니다. 외로움은 자살 생각이 발생할 수 있는 확실한 곳입니다. 사람들이 삶보다 죽음이 나을지도 모른다는 생각을 하는 것은 외로움 때문입니다.

"내가 죽어 버리면 더 이상 외로울 필요가 없을 텐데, 죽지 말아야 할 이유가 있나?"

이것은 끔찍한 자살의 논리며, 외로움에서 비롯된 것입니다.

당신이 외로울 때, 주변을 둘러보면 다른 사람들은 그다지 외로워 보이지 않는다고 생각할 수 있습니다. 그리고 당신이 가지지 못한 것을 다른 사람들은 가지고 있다고 생각했을 때 그 차이가 외로움을 그토록 끔찍한 것으로 만듭니다.

당신의 외로움의 깊이를 알 수가 없으므로 나는 당신이 느끼는 외로움이 어떠한지에 대해 위로의 말을 할 수 없습니다. 그러나 외로움이 그렇게 끔찍한 상태라는 것을 잘 알기 때문에, 내가 생각하기에 외로움이 어떤 것인지, 당신이 그것을 어떻게 할 수 있을 것이라고 생각하는지에 대해 이야기하는 것이 도움이 될 것 같습니다.

혼자인 것과 외로움

처음에 외로움에 대해 약간의 혼동이 있었을 것 같습니다. 혼자라는 것이 반드시 외로운 것은 아닙니다. 산 정상에 당신이 혼자 있지만 외롭지는 않을 수 있습니다. 오히려 당신은 북적거리는 도시에서 수천 명의 사람들에게 둘러싸여 있지만 외로움 때문에 죽어 갈 수 있습니다. 또는 한 가족의 구성원이고 밤낮으로 사람들과 함께 있지만 어쩌면 당신은 마음속으로 깊은 외로움을 느낄지도 모릅니다. 그러므로 단지 혼자인 것과 외로운 것 사이의 차이를 만드는 것은 이처럼 당신이 어디에 있느냐의 문제가 아니라 당신 주변의 사람들과 어떻게 연결되어 있는가, 그들과 어떻게 말하는가, 그들이 당신의 말을 어떻게 듣는가, 그리고 그들이 당신에 대해서 무엇을 아는가 하는 것입니다.

나와 상담을 했던 많은 사람이 혼자라는 것을 견딜 수 없어 했습니다. 그들은 혼자인 것과 외로움을 동일시했습니다. 그들은 혼자 있을 때, 공허하고 텅 빈 것 같으며 불완전함을 느낀다고 말했습니다. 마치 다른 사람과 함께 있다는 것이 혼자서는 가질 수 없는 의미를 주는 것처럼 말입니다. 그들은 다른 사람과 함께 있기 위해서라면 절망적인 일도 서슴지 않을 것입니다.

"저는 매일 밤 술집에 갔어요."

한 젊은 여성이 나에게 말했습니다.

"왜냐하면 집에 혼자 있는 것을 견딜 수가 없었거든요."

내가 그녀에게 물었습니다.

"당신은 자신의 좋은 친구가 아닌가요?"

그 여자는 나를 빤히 바라보더니

"그런 식으로 생각해 본 적은 없었어요."라고 말했습니다.

"아마 저는 아니라고 생각했던 것 같아요."

우리가 대화를 좀 더 주고받으면서 나는 그녀가 자신을 재미있고 유머감각이 있으며 똑똑하다고 생각해 본 적이 한 번도 없었다는 것을 알았습니다. 그녀는 자신에 대해 별로 높은 점수를 주지 않았고, 다른 사람들이 왜 자신과 시간을 보내고 싶어 하는지를—성적인 욕구 때문에 그렇다고 생각한 것을 제외하고는— 정말로 알 수가 없었습니다. 한마디로 그녀는 자신을 대단히 싫어했습니다. 그리고 혼자일 때면, 별로 관심이 없는 사람이라도 계속 함께 있으려 했습니다. 후에 그녀는 상대방이 아무것도 원하지 않는 것보다는 성적인 것이라도 원하는 것이 나았다면서 웃었습니다.

하지만 당신도 알다시피, 이것은 악순환이었습니다. 그녀는 즉흥적인 섹스를 좋아하지 않았지만, 자신이 혼자가 아니라는 것을 확증해 줄 누군가가 필요했기 때문에 자기존중감을 희생시켰고, 그 결과 자기존중감은 훨씬 더 낮아질 뿐이었습니다. 왜냐하면 그녀가 말했던 것처럼 "천박한 사람들이나 제가 했던 일들을 할 테니까요."

그러므로 외로움을 느끼는 적어도 한 가지 이유는 우리가 자신을 좋아하지 않기 때문입니다. 나는 간단히 당신이 자기 자신을 좋아하도록 만들 수가 없습니다. 정말로 그렇게 하고 싶지만 그럴 수가 없습니다. 나는 할 수 없지만 사람들은 할 수 있습니다. 아마 당신은 자신을 도울 수 있을 것입니다. 내가 아는 것은 당신이 자신을 사랑하기 시작할 때까지는, 외로움에 저항한다고 해도 별다른 소득이 없을 것이라는 점입니다. 당신이 사람으로서의 어떤 가치, 어떤 목적, 어떤 선함과 괜찮은 특성을 가지고 있다는 것을 인식하고, 받아들이기 시작할 때까지 혼자 있는 것이 당신의 인생을 보내는 끔찍한 방법이라고 생각할 것입니다.

어떤 외로운 사람들에게는 혼자서 시간을 좀 보내라고 권하기도 합니다. 이 말이 황당하게 들리겠지만, 한 DJ의 경우를 이야기하겠습니다.

테드는 라디오 방송국의 잘 나가는 DJ로, 늘 행복하고 기운찬 목소리로 방송에 나타났습니다. 그에게는 열성팬들도 있었고 보수도 괜찮았으며, 여자 친구도 있었습니다. 밖에서 보기에 그의 인생은 환상적으로 보였습니다. 그러나 그는 '미쳐 버릴 것 같아서' 나에게 찾아왔습니다.

"왜 미쳐 버릴 것 같습니까?"

내가 물었습니다.

"내가 당신에게 어떻게 보일지 모르지만, 난 지독하게 외로워요. 내 주변에 사람들이 없으면 견딜 수가 없어요. 그들은 나에게 공기 같아요. 몇 분 동안이라도 혼자 있으면, 숨을 쉴 수 없을 것 같은 공황상태가 되요. 나는 여자 친구와 결혼하고 싶지만 아직 준비가 안 됐다는 느낌이에요. 나는 그녀를 너무나 필요로 하고, 그녀 없이는 아무것도 할 수 없을 것 같아요. 그런데 그건 그녀에게 너무 심한 거잖아요."

테드에 대해 알게 되면서, 나는 그가 자신을 텅 빈 사람이 되게 했다는 사실을 알았습니다. 팬들과 친구들 그리고 그를 둘러싼 사람들이 그가 얼마나 똑똑하고 밝고 재미있는 사람인지에 대해 말해 주지 않으면, 그는 공허하고 외롭다고 느꼈습니다. 그는 결코 자신과 시간을 보내지 않았으며, 자신을 차츰 알아 간다거나 좋아하지 않았습니다. 마음속 깊숙한 곳에서 그는 자신이 사람들에게 너무 많은 것을 바라고 있다고 느꼈던 것 같으며, 그들 없이는 외로워서 죽을지도 모른다고 믿었던 것 같습니다.

그에게는 얼빠진 소리로 들렸겠지만, 나는 그에게 내 사무실에서 거리를 가로질러 있는 공원까지 걸어가서 한 시간 동안 벤치에 앉아 자기 자신 말고는 다른 누구하고도 말하지 말고 있어 보라고 제안했습니다. 다음에 우리가 만났을 때, 그는 웃으면서 잘 안 됐다고 말했습니다.

"오리하고라도 대화를 하면 안 되나요?"

그러고 나서 그는 덧붙였습니다.

"그건 내가 보낸 가장 긴 시간이었어요. 거의 고통스러운……. 그리고 오리들은 농담을 해도 웃지 않잖아요."

그러나 효과는 좋았습니다. 점차 많은 시간을 혼자 보내게 되면서 그는 늘 사람들에게 둘러싸여 있지 않아도 생존할 수 있다는 것을 깨닫기 시작했습니다. 그는 좀 더 쉽게 숨을 쉴 수 있었고, 상황에 대해 스스로 생각할 수 있었으며, 내면의 생각과 감정을 가지고 친구들을 만날 수 있었습니다. 그는 스스로 해낼 수 있다는 느낌을 가지기 시작했으며, 예전처럼 혼자라는 것을 두려워하지 않았습니다.

우리의 상담이 끝나 갈 때 쯤, 나는 테드에게 전에는 결코 시도해 본 적이 없었던—그러나 그에게 혼자 살아갈 수 있는 힘을 줄 수 있는—어떤 일이 하루 정도 시간이 걸린다면 시도해 보겠냐고 물었습니다. 그 말에 그는 몹시 놀랐습니다.

"무슨 제안을 하시는 겁니까?"

그가 물었습니다.

"당신은 무슨 제안을 하겠습니까?"

내가 말했습니다.

테드는 잠시 생각에 잠겼습니다.

"나는 언제나 카누 여행을 떠나고 싶었습니다. 어쩌면 그걸 할 수 있을 것 같아요."

"혼자서요?"

"다른 방법이 있습니까?"

"유감스럽지만 없는 것 같아요."

나는 대답했습니다.

그리고 테드는 카누를 빌려 3일간 혼자서 거친 강을 헤쳐 나갔습니다. 그가 돌아왔을 때 그는 밝게 빛나고 있었습니다. 그는 외로움과 맞서 살아남았고, 더 이상 고독하지 않았습니다. 우리는 상담을 끝냈고, 얼마 후에 그는 결혼을 했으며, 다른 도시에서 새로운 일을 제안받았습니다.

테드 이야기의 요점은 혼자라는 것이 우리의 적이 아니라, 혼자인 것을 두려워하는 것이 적이라는 것입니다. 그리고 이 말이 너무 쉬운 것처럼 들리게 하고 싶지는 않지만, 우리 모두는 외로움을 견디는 방법이 아니라, 그것을 즐기고 그것에서 배워 성장하는 방법을 반드시 찾아야만 한다는 것이 나의 지론입니다.

자신이 만들어 낸 외로움

나는 사람들에게서 외로움은 종종 자신이 만드는 것이라는 점을 배웠습니다. 어찌된 일인지 우리는 잘못된 신념을 가지게 됩니다. 우리는 우리가 외로움을 겪지 않도록 할 의무가 다른 사람들에게 있다고 믿습니다. 우리는 단지 우리가 사람이라는 이유로 다른 사람들이 우리에게 와서 우리의 감정과 생각을 물어봐 줄 것이라고 믿습니다. 종종 이런 일이 일어나긴 하지만, 나는 이것이 의지할 만한 좋은 것이라고 생각하지 않습니다. 게다가 사람들은 우리가 외로워 보이면 오히려 우릴 피하는 경향이 있습니다.

당신은 스스로에게 "나를 진심으로 생각해 주는 사람은 아무도 없어."라고 말한 적이 있습니까? 나는 확실히 그랬던 적이 있었고, 모든 사람이 때때로 그럴 거라고 확신합니다. 이것은 외로움에 관한 이야기입니다. 우리가 외롭다고 느끼기 때문에 한두 번 이런 말을 하는 것과 지금부터 영원히 그것이 사실이라고 믿는 것은 별개의 문제입니다.

우리를 진심으로 생각해 주는 사람이 아무도 없다는 지속적인 믿음과 앞으로도 우리를 진심으로 생각해 주는 사람이 아무도 없을 것이라는 신념은 스스로 구형한 사형선고와도 같습니다. 우리가 정말로 이것이 현실이고 미래에도 늘 그럴 것이라고 믿는다면, 우리가 외로움을 물리칠 수 있는 어떤 희망이 있겠습니까? 없습니다.

이 신념에 대해 좀 더 살펴봅시다.

어떻게 해서 우리가 그런 생각을 하게 된 것일까요? 우리가 외로웠을 때 사람들이 우리의 외로움을 달래 주지 않았기 때문일까요? 우리 부모님이 너무 바쁘고, 소위 친구라는 사람들이 자신들의 삶에만 골몰하고 있기 때문일까요? 아마 그럴 것입니다. 하지만 그렇다고 해서 이 생각이 영원한 진실이 되나요? 또는 우리가 애완동물 이론(역자 주: 애완동물이 정신건강에 도움이 된다는 이론)을 주장하는 어떤 과학자들처럼 우리의 주장을 증명하려는 것입니까? 우리가 "사람들은 나에게 관심이 없다. 그 증거는 내가 외로운데 어느 누구도 거기에 대해 아무것도 안 해 준다는 것이다."라는 가설을 세워 놓았습니까?

나는 이것을 검증하는 방법이 있다고 생각합니다. 잠시 우리가 이 세상에서 가장 외로운 사람은 아니며, 어딘가에 당신보다 더 외로운 사람이 있다고 가정해 봅시다. 믿기 어렵다는 것은 알지만 나와 함께 잠시 더 생각해 봅시다.

이제 당신이 세상에서 두 번째로 외로운 사람이라고 가정하고, 세상에서 가장 외로운 사람을 찾으려 한다고 해 봅시다. 당신은 어떻게 하시겠습니까?

방법은 하나뿐입니다. 가서 찾으려고 노력하는 것입니다. 그리고 이것은 누군가에게 다가가야만 가능할 것입니다. 사람들에게 하루를 어떻게 보냈냐고, 또는 방금 본 영화가 재미있었냐고, 또는 생각할 수 있는 어떤 질문이든지 물어봄으로써 가능합니다. 당신은 이미 자신이 세상에서 두 번째로 외로운 사람이라는 것을 알고 있기 때문에 그들에게 번거롭게 그것을 말할 필요는 없지만 그들에 대해서는 알아내려고 시도해야 할 것입니다. 당신은 아마 그들에게 감정과 생각 그리고 희망과 두려움에 대해서 물어볼 것입니다.

이제, 무슨 일이 생길까요?

거기서 생겨날 수 있는 첫 번째 일은 당신이 외로움 리스트에서 금방 4위나 5위로 내려가는 것입니다. 그리고 당신이 충분히 많은 사람과 대화를 나눈다면, 궁극적으로 당신은 리스트에서 빠져 버릴 것입니다.

나는 이것이 얼마나 단순한 생각처럼 들릴지 알고 있습니다. 그러나 다른 방법을 생각할 수 있습니까? 나는 생각이 안 납니다. 그리고 만일 세상이 당신에게 다가와서 당신의 외로움을 종식시켜 주길 기다린다면, 당신은 너무나 오래 기다려야 할지도 모릅니다.

외로운 사람들은 나에게 말합니다.

"하지만 그건 당신이 생각하는 것보다 어려워요. 모르는 사람한테 가서 그냥 말하기 시작할 수는 없잖아요."

그러면 나는 대답합니다.

"왜 안 되죠?"

"난 말할 게 아무것도 없어요."

"괜찮아요."

내가 말합니다.

"당신 자신에 대해 아무것도 말할 필요 없어요. 사실, 말하지 말아야 해요. 당신은 자신이 세상에서 두 번째로 외롭다는 것을 이미 알고 있고, 어쨌든 별로 밑질 것도 없잖아요. 당신이 할 일은 그들에 대해서 아는 것이지 당신에 대해 말하는 게 아니에요."

나는 많은 사람에게 이 제안을 해 보았는데 한 번도 실패한 적이 없었습니다. 외로운 사람들이 이 작은 발걸음만이라도 옮기면, 그 과정에서 전에는 알지 못했던 어떤 것을 배우게 된다는 사실을 발견했습니다. 그것은 모든 사람이 어느 정도는 외롭다는 것이고, 자기 자신에 대해 말하는 것이 우리가 세상에서 제일 좋아하는 일이라는 것입니다. 우리는 기회만 있으면 자신에 대해 말하고, 말하고, 또 말할 수 있습니다. 이것은 누군가 들을 사람이 필요하게 만드는데, 그것이 트릭입니다.

일단 어떤 사람이 이렇게 우리와 대화를 하기 시작하면 일반적으로 두 가지 일이 생깁니다.

1. 우리는 자신에 대해 말하게 해 주는 그 사람을 좋아하기 시작합니다.
2. 그에 대해 좀 더 알고 싶어지고 그에게 질문을 하기 시작합니다.

당신이 상상하는 것보다 금방 우정이 생겨 납니다. 그리고 외로움이 최대의 적군이었다면 우정은 FBI입니다.

이것은 새로운 이야기가 아닙니다. 현명한 사람들은 수세기 동안 친구를 사귀는 가장 빠른 방법, 결코 외롭지 않을 수 있는 방법이 다른 사람들에게 질문을 하고 그들에게 자신에 대한 이야기를 하게 하는 것이라는 점을 알고 있었습니다. 누군가의 이야기를 듣고 그에 대해 배우는 동안, 당신이 하고 싶은 일(자신에 대해 말하는 것)은 잠시 접어 두십시오. 이건 정말 간단한 일입니다. 그러므로 당신이 외롭고 또 다른 종류의 실험(사람들이 나를 진심으로 생각해 주지 않는다는 것을 증명하는 것과는 반대인)을 시도해 보려고 한다면, 이 생각을 검증하기 위해 오늘 해 볼 수 있는 일이 있습니다. 아무에게나 — 버스에서 당신 옆에 앉은 사람이나, 점심시간에 맞은편 테이블에 앉은 여자나 복도를 걸레질하는 청소부 아주머니나 누구에게든 — 몇 가지 간단한 질문을 합니다.

"어떻게 지내셨어요?"

"어젠 날씨가 꽤 더웠죠?"

대화를 시작할 수 있는 아무 말이든 괜찮습니다.

그러고 나서 그 사람에 대해 세 가지만 알면 됩니다. 그의 이름, 출신 지역이 어디인지, 무슨 일을 하는지 또는 무슨 공부를 하는지. 이 세 가지 것들에 기초해서, 사람들은 그들 사이에 공통분모가 있다는 느낌을 가지기 시작할 수 있습니다. 우정의 가능성을 느낄 수 있습니다.

그때부터 우리의 이야기를 들어 줄 사람을 만드는 문제는 자동적으로 해결됩니다. 사람들이 곧 우리에 대해 알고 싶어 할 것이기 때문입니다. 그들은 어쩔 수 없이 그렇게 됩니다 — 물론 그들이 자기 자신에게 너무나 사로잡혀 있어서 다른 사람들에게 전혀 신경을 쓰지 않는 사람이 아니라면 말입니다.

계속 대화가 이어지게 하는 핵심은 질문을 받을 때까지 우리 자신에 대해서 말하지 않고 대답은 짧게 하는 것입니다. 이후에 관계가 형성되면 우리는 자신에 대해 자유롭게 더 많이 이야기할 수 있습니다. 이것은 궁극적으로 나와 같은 심리학자나 정신과 의사, 상담자들이 늘 하는 일이며, 이것이 왜 사람들이 일반적으로 우리를 좋아하게 되는가 하는 이유입니다. 모든 사람이 잘 들어 주는 사람을 좋아합니다. 또는 그런 것 같습니다.

물론 당신이 대화를 시작했을 때, 어떤 사람은 당신을 좀 이상한 사람이라고 볼지도 모릅니다. 하지만 그것은 그들의 문제입니다. 내 경험으로는, 그리고 나와 함께 상담 작업을 했던 외로운 사람들의 경험에 따르면, 거부당할 것이라는 두려움은 단지 두려움일 뿐입니다. 그리고 그 두려움 속에 머물면, 우리는 외로움의 포로로 남아 있을 것이고 결코 아무것도 변하지 않을 것입니다.

그러므로 나는 당신이 자신에게 다음의 질문을 해야 한다고 생각합니다. 내가 나의 외로움에 조금이라도 기여한 바가 있는가? 사람들이 나에게 관심이 없다는 것을 검증하기 위해 과학자처럼 노력해 본 적이 있는가? 지구상에 5백만 명이 있는데도 불구하고, 그들 중 누구도 나의 친구가 될 수 없다는 증거를 수집해 본 적이 있는가?

비록 당신이 질문을 해 보았다고 해도, 아마 당신은 삶보다는 죽음을 선택한 사례를 모았을 것입니다. 당신이 (오직 당신이) 한 걸음 내딛어 외로움에서 벗어날 때까지 상황은 더 나아지지 않을 것입니다.

당신이 지금 무슨 생각을 할지 한번 추측을 해 보겠습니다.

"음, ……만일 내가 시도를 해 본다 해도 다시 상처만 입게 될 거예요. 내가 다른 사람에게 다가가도 그들은 나를 좋아하지 않을 것이고 잘 되지 않을 거예요."

당신이 절대적으로 옳을지도 모릅니다. 잘 되지 않을 수도 있습니다. 사람들이 당신에게 다시 상처를 줄 수도 있습니다. 사람들이 당신을 진심으로 생각해 주지 않는다는 증거를 더 모으는 일이 될 수도 있고, 컵 밖으로 결코 나오지 못할 수도 있습니다.

그러나 나는 당신에게 묻겠습니다. 당신의 출생증명서에 당신이 외롭지 않을 것이라는 보장이나 당신이 누군가를 알게 되어 사랑하게 되면 당신은 언제나 그 사랑을 쟁취할 것이라는 글귀가 쓰여 있습니까? 절대로 아닙니다. 미안하지만 우리 중 그 누구도 인생이 고통스럽지 않을 거라거나 상처받지 않을 수 있다는 보장을 받을 수는 없습니다.

그러니 다시 묻겠습니다. 우리에게 어떤 대안이 있을까요? 그저 가만히 앉아 누군가 다가와서 우리의 외로움을 달래 주기를 기다려야 할까요? 아니면 작은 발걸음이라도 내딛어야만 하는 걸까요? 솔직히 이것은 도박입니다. 하지만 좋건 싫건 간에 칩을 현금으로 바꾸고(역자 주: 죽는다는 의미도 있음) 완전히 게임을 그만두기 전에는 우리 모두가 할 수밖에 없는 도박입니다.

그리고 기억하려고 해 보십시오. 어딘가에서 5백만 명의 사람들 중에 어떤 사람이, 마치 당신처럼 똑같은 도박을 하려고 하고 있을 것이라는 점을 말입니다. 5백만의 영혼 중에서 세 사람이나 네 사람, 아니면 열두 명쯤 되는 사람들이 바로 이 순간에 그 도박을 하는지 누가 알겠습니까? 만일 당신이 우연히 이들 중 한 사람을 만나게 된다면 누가 가장 외로웠는지에 대해 논쟁을 벌일 수 있을 것입니다.

08

우울증에 관한 좋은 소식

만일 내가 당신이 오늘 지금 이 순간 얼마나 우울하건 간에 당신의 우울증은 사라지기 마련이고 조만간 기분이 나아지기 시작할 것이라고 말한다면, 당신은 어떤 생각을 할까요? 만일 내가 당신이 다른 대부분의 우울한 사람들과 비슷하다면, 당신은 우울증에서 회복될 것이고, 우울증은 어두웠던 지난날의 추억으로만 남을 것이라고 말한다면 어떨까요?

당신은 아마 저 사람 머리가 좀 이상한 것 같으니 자격 있는 심리학자한테 가서 검사를 좀 받아 봐야 할 것 같다고 말할지도 모릅니다. 글쎄요, 당신이 틀린 것 같습니다.

여기 우울증에 관한 좋은 소식이 있습니다. 아주 드문 경우를 제외하고는, 우울증은 대부분 한시적이라는 것입니다. 정서적 문제에 대한 감기 같은 것으로, 바로 지금도 미국에서 약 4만에서 8만 명의 사람들이 우울증을 겪고 있습니다—감기처럼 고생스럽긴 하지만, 우울증은 제 경과를 다하고는 사라지며, 우울했던 사람들은 정상상태로 돌아오게 됩니다.

당신의 인생을 되돌아볼 시간을 잠시 내 본다면, 슬프고 우울했던 시기와 그 다음에 회복되었던 시기를 기억할 수 있을 것이고, 그것은 아마 한 번 이상이었을 것입니다. 어쩌면 과거에 당신은 이번처럼 우울했던 적이 없었을지 모르지만, 기분이 가라앉고 울적하고 절망적인 느낌을 받은 것은 이번이 처음은 아닐 것입니다. 당신이 어떤 (천사가 돌봐 주고 있는 듯한) 아주 행복한 삶을 사는 게 아닌 한, 당신은 우리 모두가 때때로 겪는 것—바로 우울의 감정—을 경험했을 것입니다.

여기서 너무 복잡하지 않게, 우울증과 관련된 몇 가지 사실을 이야기하고 싶습니다. 자살을 시도하는 사람들 중 약 60%가 자살 시도를 할 당시에 우울했다는 사실에 비추어 보면, 당신이 우울할 가능성이 반 이상을 넘습니다. 그리고 당신이 우울증에 관한 전문가는 아닐 것이기 때문에 이 정서적 고통의 가장 일반적인 형태에 대해 약간의 정보를 제공하고자 합니다. (만일 당신이 우울한 것이 아니고 단지 화가 났거나 외롭거나 머리끝까지 스트레스를 받았거나 절망적이고 무기력하다면, 다음에 나오는 장으로 넘어가고, 우울한 사람들만 이 장을 읽으라고 할 수 있습니다. 한편, 당신이 절망적이고 무기력하다면, 아마 이 장에 머물러서 우리의 이야기에 귀를 기울이는 것도 괜찮을 것입니다.)

내가 그동안 수백 명의 우울한 사람들과 상담 작업을 해 왔고 나도 한두 번 우울했던 적이 있었기 때문에, 정말 하고 싶은 것이라고는 어딘가 틀어박혀서 며칠 동안 잠을 잔다거나, 그냥 TV나 틀어 놓고 누군가 나를 기운 차리게 해 주었으면 하는 것일 때, 우울증에 관한 글을 읽는다는 것이 얼마나 부담스런 일인지 잘 알고 있습니다. 그러므로 나는 짧게 요점만 말할 것을 약속합니다.

우울하다는 것은 생명을 위태롭게 하는 마음의 상태입니다. 심각하게 우울하다는 것은 생명을 위협하는 마음과 몸의 상태입니다. 이것은 우리가 블랙홀의 밑바닥까지 가라앉아서 기분이 나아지리라는 것은 상상할 수도 없는 상태가 될 때까지 우리를 아프고 또 아프게 만드는 경험입니다. 한번은 아주 우울한 젊은이에게 뭔가 불안하냐고 물은 적이 있었습니다. 그러자 그는 한숨을 내쉬며 말했습니다.

"아니요, 너무 우울해서 불안할 수도 없어요."

정말로 우울할 때는 다시 좋아질 수 있다는 상상조차 하기 힘든 것 같습니다. 우울한 감정을 느낄 뿐만 아니라 생각도 우울해지기 시작합니다. 이 '너무나 부정적인 생각들' 은 결국 더 이상 어떤 출구도 없는 것처럼 보일 때까지 당신을 블랙홀 속으로 깊숙이 밀어 넣습니다. 우울증의 최악의 형태는 정신과 육체의, 일종의 마비입니다.

상 실

사람들이 우울해지는 데는 많은 이유가 있으며, 소위 우리 같은 전문가들이 생각하는 것보다 더 많은 이유들이 있습니다. 하지만 어떤 이유들은 분명하며 그걸 밝히기 위해 천재일 필요는 없습니다. 상실에 대한 이야기를 해 봅시다.

언제든 상실을 경험하게 되면 우리는 우울해지는 경향이 있습니다. 몇몇 사람들은 그렇지 않겠지만 우리 대부분은 그렇습니다. 가까운 친구를 잃게 되면, 우리는 상실감을 느끼고 그와 함께 있을 수 없음에 슬픔을 느낄 것입니다. 우리가 원했던 직장을 잃게 되어도 마찬가지의 감정을 느낄 것입니다. 만일 남자 친구가 다른 여자를 만난다고 우리를 차 버린다면, 그것도 상실이며 그에 대한 우리의 반응은 상처받고 분노하며 우울해하는 것일 겁니다. 건강이나 체면을 상실하는 것, 원하지만 가질 수 없다는 것을 알게 되는 것 등도 같은 감정을 느끼게 합니다. 마찬가지로 중요한 시험에서 떨어지는 것도 상실입니다—자신감의 상실이죠. 언제든 상실을 경험하게 되면 우리는 우울해지기 쉽습니다.

그러나 여기에 생각해 봐야 할 것이 몇 가지 있습니다. 분명히 상실에는 두 가지가 있습니다. 예를 들면, 하나는 새끼손가락을 잃는 것이고, 또 다른 하나는 손을 잃는 것—특히, 당신이 피아노 연주자라고 했을 때—입니다. 말하자면, 고가의 가격표가 붙은 것을 상실하는 것(big-ticket losses)과 저가의 가격표가 붙은 것을 상실하는 것(little-ticket losses)이 있다는 말입니다. 그리고 팔을 잃는다는 것이 누구에게나 커다란 상실이라는 데 우리 대부분이 동의할 수 있지만 우리가 피아노 연주자가 아닌 한 그것이 얼마나 큰 상실일지는 결코 알 수 없을 것입니다. 내가 말하고자 하는 요지는 당신이 자신의 상실에 대해 어떻게 해석할지에 대해 나는 결코 알 수 없다는 것이며, 다른 그 누구도 마찬가지라는 것입니다.

제가 아는 할머니 한 분은 몇 가지 검사를 받으러 병원에 갔다가 건강이 많이 안 좋아서 적어도 한 달 이상 입원해야 한다는 이야기를 들었습니다. 그분의 남편은 한 해 전에 돌아가셨고 이 세상에 남은 유일한 식구는 고양이뿐이었습니다. 하지만 병원 측에서 고양이를 데려올 수는 없다고 해서 그분은 외아들에게 고양이를 돌봐 달라고 부탁했습니다. 그러자 그 아들은 고양이를 영원히 깨어나지 않게 함으로써 자신이 옳다고 생각한 것을 했습니다. 그러자 할머니는 깊은 우울증에 빠졌고 먹는 것도 거부했습니다. 결국 3일 후에 할머니는 돌아가시고 말았습니다.

어쩌면 당신은 속으로 그 할머니가 좀 바보 같다고, 고양이를 잃었다고 죽는 것은 어리석은 일이라고 말할 수 있을 것입니다. 그러나 중요한 것은 당신이 어떻게 생각하는지가 아닙니다. 문제는 그 할머니가 고양이를 잃은 것에 대해 어떻게 생각했는가 하는 것입니다. 그리고 이것이 우리 모두의 상실 경험에서 일어나는 방식입니다. 우리에게 이것이 어떤 의미였는가 하는 것만이 문제입니다.

일부 고가의 가격표가 붙은 상실을 몇 가지 살펴봅시다. 우리는 이런 일들을 결코 경험하지 않기를 바라지만, 인생이란 원래 그런 것이기 때문에 좋건 싫건 간에 이것들을 다뤄야만 할 것입니다.

우리는 사랑하는 사람을 잃을 수 있습니다. 그들이 우리를 떠날 수도 있고, 멀리 이사를 가거나 심지어 죽는 경우도 있습니다. 피할 방법이 없습니다. 사랑하는 누군가를 잃게 된다는 것은 몹시 큰 상처가 될 것이며, 당신이 다른 사람들보다 튼튼한 뭔가로 만들어진 게 아닌 한, 당신은 슬픔을 느끼고 우울증으로 인해 겪게 되는 감정들을 경험할 것입니다.

우리는 건강을 잃을 수 있습니다. 병에 걸릴 때까지 우리는 건강하다는 것이 어떤 의미인지 결코 이해하지 못합니다. 우리 대부분은 자신이 영원히 살 것이라고 생각하지만, 병에 걸린다는 것은 이 모든 것을 바꾸어 놓습니다. 당신이 한때 건강했다가 아프다거나, 다쳐서 주요 신체기능을 상실하게 되면, 당신은 더 이상 강철로 만들어진 것처럼 생각하며 살 수 없습니다. 계속되는 통증은 우울증의 주요 원인이 되며, 상당 기간 동안 통증으로 고통받는 사람은 대부분 우울해지는 것을 피하기 어렵습니다.

우리는 돈을 잃을 수 있습니다. 당신은 돈을 잃는 것이 우울증에 걸리게 할 수는 없다고 생각할지 모릅니다. 하지만 그럴 수 있습니다. 우리 사회에서 돈은 개인적 권력과 동일한 것이며, 개인적 권력은 우리 자신의 삶에 대한 통제권과 같은 것입니다. 많은 돈을 날리거나 우리가 가진 모든 것을 잃게 되면, 우리는 우리 자신에게 벌어지는 일들을 통제할 수 있는 힘을 상실하게 됩니다. 그리고 우리가 우리에게 일어나는 일들에 대한 통제권을 상실할 때 그 상실은 견디기 어려운 것이 되고 우울증으로 이어질 수 있습니다.

이것들이 비싼 가격표가 붙은 상실의 예이며, 이 밖에도 많은 것들이 있습니다. 때로 사람들이 한 가지 이상의 주요 상실을 짧은 기간 내에 겪게 되는 경우가 있는데, 당연히 우울증의 먹구름이 몰려들기 시작하고 그 다음에는 길고 어두운 폭풍우가 몰아칠 것입니다.

어쩌면 당신은 궁금할지도 모릅니다. ……이런 유형의 상실이 우울증을 유발할 수 있다고 한다면, 그래서 어떻다는 것입니까? 그것은 이렇습니다. 만일 당신이 아주 안 좋은 한 해를 보낸 것이라면 어떨까요? 만약 당신에게 언젠가는 잃게 될 것들의 목록이 있다고 했을 때, "그래, 이것을 잃었어." 그리고 "그래, 저것도 잃어버렸군."이라고 중얼거리고 있다면 어떨까요? 만일 지금까지 살아온 중에 유별나게 힘겨운 한 해를 보낸 것이라면 어떨까요? 어쩌면 당신이 경험할 모든 세월 중 최악의 한 해였는지도 모릅니다.

이제 제발 이것을 고려해 보십시오. 만약 그간 더없이 고약한 한 해를 보냈는데, 그것이 당신이 경험할 최악의 1년이었다면 어떨까요? 지난해 같은 한 해가 다시는 오지 않는다면 어떨까요? 그렇다면 당신이 지금은 비록 우울하지만, 또다시 이렇게 우울할 것이라는 걸 상상할 수 있습니까? 그렇지 않기를 바랍시다.

그러므로 당신이 우울하다고 한다면 아마 그럴 만했을 것입니다. 아마 어떤 사람이 당신과 똑같은 상황에 처한다면, 그 역시 우울했을 것입니다. 당신의 우울증은 당신이 겪은 상실에 대한 정상적인 반응일 수 있습니다. 그러므로 당신은 자신이 생각하는 것만큼 남들과 다르지 않을 것입니다. 만일 당신이 우울증을 통제할 수 있는 것이라고 생각한다면 그것은 완전히 틀린 것입니다. 이 아침에 당신과 같은 증상으로 고통받는 당신의 동지들이 8백만이나 될 것이라고 이야기했던 것을 기억하십시오. 우울한 사람들은 아주 많습니다.

모든 사람이 어느 순간에는 무언가를 상실하기 때문에 우울증은 나쁜 바이러스처럼 돌아다니고, 오늘 우울하지 않은 사람도 언젠가는 우울할 수 있으며, 미래의 언젠가는 분명히 우울하게 될 가능성이 많습니다. 우리 중 누구도 이 행성에서 벗어날 수 없으므로 우울해지는 것을 완전히 피할 수는 없습니다—물론 우리에게 소중한 무언가를 상실하는 고통을 느끼지 않고 인생을 살아가는 방법을 터득하지 않는 한 말입니다.

그래서 당신이 끔찍한 상실로 인해 고통받고 있다고 할 때, 그것이 어떤 것인지, 당신이 정확히 어떻게 반응을 할 것인지 내가 알 수 없는 것이 사실입니다. 하지만 이것은 알고 있습니다. 당신은 우리와 다르지 않다는 것입니다. 손가락을 베이면 피가 나고, 상처를 입으면 아픔을 느낍니다. 많은 것을 잃게 되면 당신은 슬픔을 느낄 것입니다. 그리고 매우 소중하게 여기는 것을 잃게 되면, 당신은 우울해지거나 그런 비슷한 상태가 될 것입니다. 이것은 원래 그런 것이며 누구도 당신이 느끼는 감정을 느끼지 말아야 하는 것처럼 말할 수 없습니다.

우울하다는 것은 잘못이 아닙니다. 우울하다는 것은 어리석은 일이 아닙니다. 우울하다는 것은 죄가 아닙니다. 우울하다는 것은 우리 모두가 겪게 되는 상실에 대한 인간으로서의 반응입니다(내 말은 자연스러운 일이라는 뜻입니다).

이제 이 점에 대해 조금 더 살펴봅시다. 당신이 얼마간 우울했었다고 가정해 봅시다 — 일주일이나 한 달이나 어쩌면 몇 달 동안 말입니다. 당신은 아마도 자신에게 물어볼 것입니다. '내 기분이 언제쯤 나아지게 될까?'

만일 당신이 자신의 질문에 대해 최근에 대답한 적이 있다면 우리는 당신의 대답이 무엇이었을지 알고 있습니다. 절대 나아지지 않는다는 것입니다. 이것이 우울한 사람들이 생각하는 방식입니다. 우울한 사람들에게 그들이 경험했던 가장 행복했던 일이 무엇인지 말해보라고 해 보십시오. 어쩌면 그들은 썩은 이를 뽑았던 일을 이야기할지도 모릅니다. 당신이 우울하면, 당신의 생각도 우울하고, 당신은 아마도 컵 밖으로 나오는 방법을 찾지 못할 것입니다. 컵 속에 갇혀 있는 곤충처럼 당신은 밖으로 나올 수 있다는 것을 상상할 수도 없습니다.

나는 당신의 증상을 알고 있습니다. 당신은 좋아하던 일을 하는 것에 대한 의미를 잃어버리고, 집중하는 데 어려움을 겪습니다. 당신은 기운이 없으며 학교나 직장에서 어떤 것도 끝마치지 못합니다. 당신의 의지는 땅에 떨어지고 당신의 야망은 고갈됩니다. 당신의 영혼은 높이 날지 못할 뿐만 아니라 땅에서 날아오르지도 못합니다. 그러니 당신이 컵에서 결코 벗어날 수 없다고 생각하기 시작하지 않겠습니까?

그러나 잠시만 기다려 보십시오. 거의 대부분의 우울증이 저절로 나아진다는 이야기를 들으면 어떻습니까? 거의 모든 우울증이 몇 달

안에 스스로 사라진다는 이야기를 들으면 어떻습니까? 만일 당신의 우울증이 몇 주나 몇 달 안에 상담과 약간의 약물치료를 통해 또는 약물치료 없이 상담만으로 고칠 수 있다는 이야기를 들으면 어떻습니까?

당신의 우울증은 당신의 잘못이 절대 아니라는 이야기를 들으면 어떻습니까? 당신은 우울해지는 유전적 경향성을 가지고 있을지도 모르며, 화학적 균형이 깨져서 당신의 신체가 당신의 마음을 우울하게 만들었다는 이야기를 들으면 어떻습니까? 어쩌면 당신의 몸에 어떤 유형의 성분(lithium carbonate)이 부족해서 그것이 당신을 우울할 수밖에 없게 만들었다는 것을 알게 된다면 놀라지 않겠습니까? 또는 일단 그렇다고 밝혀진다면, 당신이 말 그대로 하루에 알약을 한 알씩 어느 정도 복용하면, 어쩌면 다시는 우울해지지 않을 수 있다는 것은 어떻습니까?

이러한 말은 전부 과학적으로 증명된 사실입니다. 우울증에 관한 연구는 매우 분명합니다. 어떤 우울증은 본질적으로 생물학적인 것이고 치료법은 약물입니다. 다른 우울증은 식이요법과 운동으로 조절할 수 있습니다. 그리고 나머지는 우리 중 누구도 완전히 이해하지는 못하는 이유들로 인해 저절로 사라집니다.

대부분의 사람이 치료를 받거나 받지 않거나 6개월 이내에 우울한 기분을 느끼지 않게 된다는 것을 기억하십시오. 상담은 많은 우울증에 대한 강력한 해독제입니다. 상담으로 도움을 받을 수 없는 우울증의 경우에는 약물로 치료할 수 있습니다. 상담과 약물을 병용하는 방법으로 가장 심각한 우울증에 대적할 수 있습니다. 대부분의 경우에, 상담을 받고 항우울제를 복용하기 시작한 사람들은 10일 내에 훨씬 나아지는 것을 느끼기 시작합니다.

물론 우리가 별로 도울 수 없는 듯한 우울증도 일부 있습니다. 우리가 아는 모든 방법을 다 써 본 뒤에도 왜 그 사람이 지속적으로 우울한지 밝힐 수 없는 경우도 있습니다. 그러나 이런 경우는 소수에 불과합니다. 연구자들은 오늘도 우울증을 치료하는 새로운 방법을 찾아내고자 열심히 일하고 있습니다.

당신은 이런 생각을 할지 모릅니다.

"저 사람은 내 우울증이 아니라 다른 사람의 우울증에 대해 이야기하고 있어. 그는 내 우울증이 어떤지 알지 못해."

당신의 말은 부분적으로는 맞지만 부분적으로는 틀렸습니다. 당신이 다른 행성이나 다른 은하계에서 온 외계인이 아닌 한, 당신의 우울증이 우리 나머지 사람들의 우울증과 완전히 다를 수는 없습니다. 당신은 식욕을 잃고 잠을 자지 못할 수 있습니다. 당신은 악몽을 꾸거나 한밤중에 잠에서 깨어나기도 합니다. 당신은 새벽 5시까지 침대에 누워 내가 '오래된 레코드판'이라고 부르는 것을 머릿속에서 돌리고 있을 수 있습니다. 말하자면, 당신이 해결할 수 없는 것처럼 보이는 문제를 돌리고, 돌리고 또 돌리다가 레코드가 거의 끝날 때에도 문제의 해결책이 보이지 않으면, 레코드 바늘을 처음부터 다시 얹어 또 돌립니다. 마침내 당신이 자리에서 일어나기까지 당신은 하루 종일 이런 생각을 하면서 보낼 수 있습니다. 당신은 성이나 영화나 당신이 좋아하던 음식이나 좋아했던 활동들에 대해 신경을 쓸 수 없을 것입니다. 그렇다면 유감스럽게도, 당신은 우리 나머지 사람들이 우울할 때 경험하는 것과 거의 비슷한 경험을 했다고 할 수 있습니다.

그렇기 때문에 당신이 엄청나게 커다란 우울함을 두 손에 들고 어쩔 줄 몰라 하고 있더라도, 그것이 곧 당신의 기분이 다시는 나아지지 않을 것이라는 걸 의미하지는 않습니다. 그리고 내가 그것에 대해 장담을 해야 한다면—비록 내가 당신에 대해 잘 모르고 당신의 상황에 대해 잘 알지 못하기는 하지만—나는 당신이 회복될 것이라고 확신합니다. 그리고 내 말이 맞을 것입니다.

나는 당신이 인생의 균형을 잡아 왔고, 우울과 당신이 갇혀 있는 컵 안에서 탈출하는 한 방법으로 자살을 생각하고 있다는 것을 알기 때문에, 당신이 기억하길 바라는 것이 있습니다. 우리가 마지막으로 목숨을 끊기로 결심할 때, 갑자기 기분이 나아지기 시작한다는 사실 말입니다. 우리가 할 수 있는 가장 가능한 해결책으로 자살을 준비할 때, 우리는 대단한 안도감과 몇 주 만에 처음으로 생기가 넘치는 것을 발견합니다. 이제 우리의 결정을 실행할 충분한 신체적 그리고 정신적 힘을 가지고 있습니다.

그러나 1분만 기다려 주십시오. 이것은 우리 자신에게 하는 잔인한 속임수가 아닙니까? 우리가 환자를 아주 죽게 만드는 치료제를 발명한 것은 아닙니까? 자살이라는 결정은 우리를 우울증의 고통과 통증에서 벗어나게 해 주지만 우리 존재와 우리가 언젠가는 경험하게 될 모든 것에서 벗어나게 하는 것은 아닙니까?

자살은 지나가는 질병에 대한 너무 독한 치료제인 것 같습니다.

09

자신을 죽일 만큼 화가 났습니까

당신이 어린 아이였을 때, 부모님 때문에 화가 나서 입을 틀어막고 죽을 때까지 숨을 안 쉬겠다고 위협했던 적이 있습니까? 또는 집을 나가 다시는 돌아오지 않겠다고 협박했던 적이 있습니까? 조그만 어린 아이로서 할 수 있는 최선의 생각이지만, 사람들이 당신을 사랑한다고 말하게 만드는 한 가지 방법이 그들을 떠나 버리겠다고 위협하는 것이라는 걸 안 것이죠.

지금에 와서 돌아보면, 죽을 때까지 숨을 안 쉬겠다거나 사랑하는 사람을 떠나 버리겠다고 위협하는 것은 유치하고 어리석은 일입니다. 그러나 내가 당신에게 묻습니다. 자살하겠다는 위협은 똑같은 행동의 성인 버전이 아닐까요? 우리가 주변 사람들 때문에 화가 나고 좌절했을 때, 똑같은 방식으로 느끼기 시작하는 것은 아닐까요?

우리가 어느 날 홀연히 떠나 버리면, 이번엔 그리고 영원히 그들이 미안해 할 것이라는 말이죠. 내 말은 유감 정도가 아니라 미안할 것이다라는 것입니다!!!

내 생각에 우리는 그럴 수 있을 것 같습니다. 어떻게 우리가 목숨을 끊겠다는 위협으로 다른 사람들을 통제하려고 할 수 있는가에 대해서는 다른 곳에서 설명할 것입니다. 이 장에서는 당신과 분노에 대해서 이야기하는 한편, 어쩌면 분노가 당신의 적이 아니라 동지가 될 수도 있다는 것을 당신이 이해하도록 도울 것입니다.

지금 당장 당신이 보기에는 자신이 화가 난 것 같지 않다고 할 수 있습니다. 당신은 혼란스럽거나, 비관적이거나, 씁쓸하거나, 짜증이 나거나, 불안정하거나 또는 어느 내담자가 내게 이야기한 것처럼 '너무 우울해서 화낼 기운도 없는' 상태인지도 모릅니다. 분노는 많은 형태를 취하며 많은 이름을 가지고 있습니다. 그러나 어떤 이름이건 간에 분노의 영향력은 우리에게 해로울 수 있습니다. 특히, 우리의 분노가 우리 자신을 향할 때 말입니다. 그러므로 우리의 분노에 대해 잘 아는 것이 중요합니다. 그 근원과 그것이 우리에게 어떤 기능을 하는지, 우리가 생각하고 느끼는 방식에 어떻게 영향을 주는지를 알 필요가 있습니다.

어쩌면 당신은 자신을 화가 난 사람이라는 식으로 생각해 본 적이 한번도 없을지도 모릅니다. 어쩌면 당신은 "나는 결코 화를 낸 적이 없어요."라고 말할지도 모릅니다. 그러나 당신이 자신에 대해 이런 말을 한다면, 당신은 아마도 자신이 어떤 어려움을 겪는지를 잘 모르는 것일 수 있습니다. 심지어 당신은 무엇이 자신을 화나게 만드는지조차 모를 가능성이 있습니다. 또는 당신이 알고 있다면, 당신은 당신과 당신의 꿈 사이를 가로막고 있는 사람들과 장애물을 무시하거나, 축소하거나, 경시하고 있는 것일 수 있습니다. 우리가 분노를 어떻게 표현하는가 하는 것은 어린 시절에 배우는 것이기 때문에, 어쩌면 당신의 집에서는 가족에게 화를 내는 것이 용납되지 않았을 수 있습니다.

수년간 나는 "우리 집에서는 성질부리는 것이 허용되지 않았어요. 안 되는 일이었어요."라고 말하는 많은 사람을 만났습니다. 만일 당신이 아이였을 때 그런 상황에 있었다면, 당신은 자신의 분노와의 접촉을 상실할 수 있습니다. 다른 많은 사람과 마찬가지로, 당신은 자신이 얼마나 화가 났는지를 깨닫지 못할 수 있습니다. 자살은 종종 좌절과 지독한 혐오감에서 발생하는 분노 행위이기 때문에 당신이 자신을 죽이고 싶을 만큼 화가 많이 나 있을 수 있는 가능성에 대해서 생각해 보는 것은 매우 중요합니다.

자신에게 이것을 물어보십시오.

"내가 죽고자 하는 소망이 부분적으로는 현재 상황이 돌아가는 방식에 대해 좌절하고 있기 때문이 아닐까?"

만일 당신의 대답이 '그렇다'라면 당신은 자신이 생각하는 것보다 더 화가 나 있을 수 있습니다. 그러므로 분노에 대해 함께 이야기해 봅시다.

아마 모든 감정 중에서 분노가 가장 덜 복잡할 것입니다. 이것은 우리의 생물학적 기질의 일부이며 생존에 필수적인 부분입니다. 모든 일이 매번 술술 풀리지 않는 한, 그리고 사소한 스트레스도 없이 살지 않는 한, 당신은 분명히 좌절을 경험할 것입니다. 그리고 당신이 좌절을 경험한다면 분명히 분노도 경험할 것입니다. 비록 당신이 그것을 다른 어떤 이름으로 부르건 간에 말입니다.

우리가 좌절하고 분노를 느끼기 시작할 때, 우리의 내부에서 어떤 일이 벌어지는지 살펴봅시다. 심장이 빨리 뛰기 시작하고, 혈압이 증가하며, 혈당이 혈류 속으로 방출되고, 근육이 긴장되며, 우리의 몸은 신체적으로 전투를 치를 준비를 하게 됩니다. 생물학적으로 우리는 어떤 고통, 위협이나 공포를 처리할 준비를 하는 것이며, 비록 우리가 분통을 터트리지 않으려고 하더라도, 이런 반응들을 억누르기 위해 우리가 할 수 있는 것은 정말이지 많지 않습니다. 또는 적어도 그렇게 보입니다.

나는 화가 났지만 그것을 알아차리지 못하는 많은 사람을 만났습니다. 그들은 '흥분' 했었다고 말합니다. 또는 '가라앉았다' 라고 말합니다. 또는 그저 혼자 있게 내버려 두었으면 좋겠다고 말하기도 합니다. 강한 감정을 경험함에도 불구하고 (그리고 당신은 그들의 목덜미에 핏줄이 불거져 나오거나 그들의 얼굴이 벌겋게 상기되거나 주먹을 꽉 쥐며 이를 악무는 것을 보고 그것을 알 수 있습니다) 그들은 미소를 지으며 말합니다.

"아니요, 물론 나는 화나지 않았어요. 괜찮습니다."

그들은 자신의 분노를 부인하는 것일 수도 있고, 단지 그것을 뭐라고 불러야 할지 모르는 것일 수도 있습니다. 나는 다만 화가 난 많은 사람이 자신들의 내부에서 어떤 일이 벌어지고 있는지 모르거나 또는 안다고 하더라도 그 감정을 부인하려 한다는 것을 보여 주려는 것입니다.

당신이 자신의 분노에 대해 어떻게 알게 되는가 하는 것은 당신이 자란 배경과 많은 관련이 있습니다. 어떤 가정에서는 분노의 표현이 허용되지 않습니다. 또 다른 가정에서는 분노가 허용될 뿐만 아니라 장려되기도 합니다. 분노를 자연스러운 것으로 이해해 주는 가정에서는 분노가 수용되고 건강한 의사소통으로 이어집니다. 이 경우에 분노는 적이 아닙니다. 그러나 분노가 마치 일종의 광폭한 야수인 것처럼, 일단 이것이 풀려나면 아목〔역자 주: amok, 동남아 문화권에서 살상욕(殺傷欲)을 수반하는 심한 정신 착란을 일컫는 말〕을 불러일으키고 눈에 보이는 모든 것을 다 죽여 버릴 것이라고 두려워하도록 배운 아이들에게는 분노가 적일 수 있습니다. 이런 가정에서 분노를 경험하게 되면, 당신의 분노 감정은 존재하지 않는 것이라거나 만약에 분노 감정이 있다면 그건 당신이 뭔가 잘못되었다는 뜻이라고 배웁니다.

수년간, 나는 화나는 감정은 미쳐 버리는 것과 같은 것이라고 생각하는 많은 사람을 만났습니다. 그들은 극도로 화가 났을 때, 종종 자신들이 통제권을 잃고 뭔가 끔찍한 일을 하게 될 것이라고 느낍니다. 그들이 하려고 생각하는 것이 자해인 경우가 드물지 않습니다.

서구 문화권에서의 분노

당신이 분노의 의미나 그것을 어떻게 표현해야 하는지에 대한 지침을 찾기 위해 우리 사회를 살펴본다면, 상황은 갑자기 매우 혼란스러워집니다. 미식축구 선수가 경기 중 화를 내고 상대팀 선수를 '죽이는' 것은 괜찮습니다. 그러나 한 팀의 열광적인 팬이 원정경기를 온 팀을 응원하는 팬들에게 그렇게 하는 것은 괜찮지 않습니다. TV에 나오는 우리의 영웅이 악당을 패 주거나 칼로 찌르거나 총으로 쏘는 것은 괜찮습니다. 그러나 그 프로를 보는 우리 중 한 사람이, 그 악당과 마찬가지로 나쁜 짓을 저지르는, 우리가 아는 어떤 사람에게 그런 짓을 하는 것은 괜찮지 않습니다. 우리 정부는 평화를 권고하지만, 우리가 충분히 화가 난다면, 보복 '공습'을 감행하고 우리를 좌절시킨 사람들에게 커다란 폭탄을 투하합니다. 한 국가로서는 평화를 가르치지만 실제로는 복수를 행하고 있다고 말할 수도 있을 것입니다.

그건 그렇다 치고, 내 생각에는 뭔가 이상한 일이 벌어지고 있는 것 같습니다. 내가 이상하다고 생각하는 것은 우리 중 많은 사람이 일단 화가 나면 뭔가 공격적인 것을 해야 한다고 확신한다는 것입니다. 우리는 폭력을 싫어한다고 말하지만 스포츠나 영화나 TV쇼에서 그것을 즐깁니다. 우리는 일단 몹시 화가 났다면, 뭔가 파괴적인 일을 하는 것도 정당화된다고 믿습니다. 만일 누군가 우리를 정말로 화나게 만들었다면, 우리는 "좋아, 네가 그렇게 했지, 너 이제 조심하는 게 좋을 거야."라는 입장을 취합니다.

우리의 종교 지도자들은 우리에게 좌절→분노→공격이라는 습관에서 벗어나라고 말하지만, 솔직히 아무도 그렇게 하지 않는 것 같습니다. 요즘 세상에 누구라도 '다른 뺨도 돌려대기'는 어려운 것 같습니다.

도대체 그래서 이 모든 것이 자살에 대한 생각과 무슨 상관이 있느냐고 말할지도 모르겠습니다.

잠시 당신이 많은 다른 사람과 마찬가지로, 자신의 분노에 대해 잘 알지 못한다고 가정해 봅시다—분노가 어떤 느낌인지, 분노가 어디서 왔는지, 분노를 느꼈을 때 어떻게 해야 할지를 말입니다. 분노의 거친 물결이 몰려올 때, 당신은 점점 더 흥분하기 시작하고, 그 분노가 극에 달했을 때, 폭발하고 말거라고 느낀다고 해 봅시다. 당신은 뭔가에 대해 불같이 화가 났고, 이 분노가 끝나기 전에 누군가에게 또는 무언가에게 대가를 치르게 하려고 합니다.

그러나 누가 당해야 합니까? 당신을 화나게 한 사람인가요? 당신은 선생님이나 상사나 남편이나 아내나 형제, 자매를 때릴 수는 없습니다. 친구를 후려치면 외로움만 남을 것입니다. 게다가 우리는 다른 사람을 때리지 않는 것으로 되어 있지 않습니까? 그렇다면 준비가 다 되었으나 갈 데가 없는 우리의 분노는 어떻게 될까요? 어디로 갈까요? 만일 분노가 항상 공격성을 유발한다면 분노가 도대체 어떻게 당신의 친구가 될 수 있을까요?

나는 개인적으로 가공하지 않은 순수한 분노가 누군가의 친구가 될 수 있다고 생각하지 않습니다. 통제 불능의 분노는 언제나 적입니다. 갈 곳 없는 분노는 자살을 유도할 수 있습니다.

그러면 우리는 어떻게 해야 할까요?

일단 우리는 내 내담자 중 한 명인 찰리가 통제할 수 없을 만큼 화가 났을 때 하곤 하는 것을 할 수 있습니다.

"주먹을 꽉 쥐고 벽을 내리칩니다."

"얼마나 자주 그렇게 합니까?"

내가 물었습니다.

"일주일에 두 번 정도."

찰리가 대답했습니다.

"사람을 치는 것보다는 낫지요. 게다가 우리집은 석고보드로 되어 있어요. 대부분 내 주먹이 석고보드를 관통하는데 그러다 때로는 시멘트벽에 닿기도 하죠."

찰리가 몹시 흥분해서 제정신이 아니었을 때는 때때로 손뼈가 부러진 적도 있었습니다. 내가 그나마 집이 벽돌로 되어 있지 않아서 다행이라고 말하자 그는 웃었습니다. 분노는 찰리의 친구가 아니었습니다.

또는 비꼬는 말을 해서 다른 사람들을 해치는 기술을 배울 수 있습니다. 당신은 야비하고 심술맞은 이야기를 해서 사람들의 기분을 나쁘게 만드는 것을 배울 수 있습니다. 언어적 공격은, 비록 신체적으로는 해가 적을 수 있겠지만, 여전히 해로우며, 당신이 그 방법을 사용한다면 결국은 친구들과 멀어지게 되고 당신 자신을 좋아하지 못하게 될 것입니다. 사람들이 다른 사람들에게 상처를 주기 위해서 하는 모든 행동 가운데 비꼬는 말이 가장 깊은 상처를 남깁니다. 이 경우에도 분노는 당신의 친구가 아닙니다.

또는 자신의 분노를 속으로 억누를 수도 있습니다. 그러다 어느 날 고혈압, 두통이나 위궤양, 또는 연구자들이 고스란히 남아 있는 분노 때문에 누적된 지속적인 긴장의 결과일 수 있다고 하는 다른 질병에 걸릴 수도 있습니다. 분노가 서서히 당신을 어느 날 아프게 만들 수 있습니다.

그러나 분노가 우리의 적이 되는 최악의 방법은 분노가 우리 자신을 향하게 하는 것, 다른 사람에게 앙갚음하려는 소망이 좌절되자 누군가 희생자를 찾으며 거울을 들여다보기 시작하는 것입니다. 이것이 바로—나는 그 용어를 좋아하지 않지만—자살을 때로 자기살해(self-murder)라고 부르는 이유입니다. 이 말은 자살이 자기에게로 향하는 파괴적 행위라는 것을 상징하고 있습니다.

분노를 위한 대안

이제 당신에게 제안을 하려고 합니다. 당신이 단지 화가 났다는 이유로, 뭔가를 부수며 돌아다니거나, 다른 사람에게 욕설을 퍼붓고 그들을 때리거나, 자신에게 상처를 입힐 권리는 없다고 말한다면 어떨까요? 당신이 단지 화가 머리끝까지 났다고 해서 당신이 무슨 로봇처럼 자동적으로 화를 발끈 내고 성질을 부려야만 하는 것은 아니라고 말한다면 어떨까요? 당신이 '분노를 표출하는 것' 이 얼마나 좋은지에 대해 무엇을 읽고 들었건 간에, 사실, 분노를 분출하는 것이 당신이 할 수 있는 가장 어리석은 일이라고 말하면 어떨까요?

나는 이 모든 것이 사실이라고 말하고 있습니다. 분노에 대해 한때 당신이 어떻게 믿었건 간에, 연구에 의하면 당신이 일단 폭발해서 분노에 대한 통제권을 잃게 되면, 또 다시 그렇게 될 가능성이 크다고 합니다. 우리가 분노를 표현하는 방식은 우리가 읽기나 자전거 타기를 배우는 것과 마찬가지로 학습된 습관이라는 것을 연구는 보여 주고 있습니다. 그리고 만일 분노가 당신의 적이 되도록 하는 방식으로 그것을 표현하는 법을 배웠다면, 당신은 분명 옛 방식을 탈학습하고, 새 방식을 학습할 수 있습니다.

나는 당신의 생각을 읽을 수 있습니다.

'하하하, 당신은 나의 분노를 몰라. 내 분노는 다르다고!'

당신이 지금 내 사무실에 앉아 있고 이렇게 말한다면, 나는 금방 반박을 할 것입니다. 당신은 같은 은하계, 같은 행성에서 왔고 같은 종(種)이기 때문에 나나 다른 사람들과 분노의 측면에서 다를 바 없다고 주장했을 것입니다. 당신은 우리 나머지 사람들이 우리의 분노를 어떻게 표현하고 다루는지를 학습한 바로 그 방식으로 당신의 분노를 표현하고 다루는 방식을 배웠습니다. 배운 것은 다를 수 있지만 과정은 동일합니다. 당신은 거기 당신의 어깨 위에 자리 잡은 커다랗고 대체로 유용한 두뇌를 가지고 있기 때문에, 아마도 자신의 분노에 대해 뭔가 똑똑한 일을 할 수 있을 것입니다. 당신은 그것을 다르게 다루는 방법을 배울 수 있으며, 아마도 유용하고 생산적인 방식으로 그것을 다루는 방법을 습득할 수 있을 것입니다.

분노를 표현하는 것이 자동적이고 당신의 통제권을 벗어난 것이 아니라는 생각을 받아들이려고 한다면, 당신은 변화될 수 있는 가능성이 많습니다. 당신은 원수를 친구로 만들 수 있습니다. 내가 그 작업을 이 책에서 할 수는 없지만 당신은 전문적인 도움을 받을 수 있습니다. 지역 행정 산하기관들은 '분노 조절' 워크숍 같은 것을 제공하기도 합니다. 그리고 이 주제에 관한 몇몇의 좋은 자조서적(self-help book)들이 있습니다. 요지는 좌절→분노→공격성 공식에 계속 사로잡혀 있지 말아야 한다는 것입니다.

당신의 분노에 대해 알고, 그것을 잘 사용하기 위해 배워야 할 기본적인 사항은 다음과 같습니다.

1. 당신의 분노를 빨리 자각할 수 있는 방법을 배우십시오. 갑작스런 긴장을 느끼거나 얼굴에 피가 몰리는 느낌을 받거나 이를 꽉 악문다는 것을 느끼면 생각하십시오. '젠장, 저게 나를 화나게 하는군!' 그리고 자신에게 이야기하십시오. '아하! 이게 분노의 첫 사인이구나. 내가 너를 좀 알지.'
2. 다음으로, 자신에게 이야기하십시오. '생각하자.' 화가 났을 때 우리는 두뇌의 스위치를 꺼 버리고 내분비선이 활개를 치도록 내버려 두는 경향이 있습니다. 그 분노가 어디를 향하건 그것은 어리석은 일일 뿐입니다. 만일 당신이 통제 불능이 되어 버린

공포스런 열차를 타고 있다면, 기관사에게 친절하게 기차에서 나가 달라고 이야기하지 않을 것입니다. 오히려 그에게 어서 브레이크를 작동시켜 보라고 요구할 것입니다. '분노' 에 대해 '생각' 이라는 것은 '통제 불능이 되어 버린 열차' 에 대해 '브레이크' 와 같습니다.

3. 그러고 나서 왜 자신이 분노를 느끼는지에 대해 자문해 보십시오. 누가 또는 무엇이 당신을 그렇게 화나게 만드는지 확인하려고 노력하십시오. 자신에게 물어보십시오. 내가 지금 깜짝 놀랐나? 겁먹었나? 누가 나에게 상처가 되는 말을 했나? 좌절감을 느꼈나? 이 질문들에 대한 대답은 당신으로 하여금 적어도 당신의 분노가 어디서 생겨난 것인지를 이해하게 하기 때문에 당신에게 상당한 도움이 될 것입니다. 그리고 이것은 다음 질문으로 이어집니다.
4. 내가 원하는 것은 무엇이고 이 모든 힘으로 내가 할 일은 무엇인가? 분노는 강력한 정서이며 우리가 그것을 느낄 때 당신은 강한 힘을 느낍니다. 당신은 이 모든 파워와 힘으로 내가 무엇을 해야 하는지 물어야 합니다. 어떻게 이것을 나에게 도움이 되는 방향으로 만들 수 있을까 자문해 보아야 합니다.

의심할 여지없이 이것은 우리가 분노를 사용하는 방법을 아는 데 있어서 가장 어려운 부분이며 최고의 창의력을 요합니다. 아무것도 잘못된 것이 없는 척하거나, 폭발하거나, 분노를 자기 내부로 돌리는 것은 헛수고이며, 누구에게도 도움이 되지 않습니다.

화가 났을 때 우리에게 필요한 것은 그것의 표적, 즉 쏘아서 맞출 대상을 설정하는 것입니다. 우리는 무엇이 우리를 화나게 하는지를, 지금 당장 그리고 장기적으로 보았을 때 무엇을 변화시키길 원하는지를 알 필요가 있습니다.

당신이 화가 났다는 것을 알고, 누가 또는 무엇이 당신이 그런 식으로 느끼도록 만들었는지 파악하고, 스스로에게 생각하라고 지시하는 것, 그것이 바로 당신이 해야 할 일입니다. 한 걸음 뒤로 물러나서 열까지 세고 생각하십시오. 화가 나 있는 상태에서 생각하는 것은 쉽지 않은 일이지만 그렇다고 불가능한 일도 아닙니다. 계속 분노 속에 머무는 대신에 생각을 한다면 놀라운 일이 벌어지기 시작합니다.

기억하십시오. 마틴 루터 킹이 한 나라, 그리고 언젠가는 세상을 변화시켜야겠다고 생각한 것은 바로 인종차별에 대한 분노 때문이었습니다. 마틴 루터 킹은 화를 내지 않았습니다. 아니, 그는 분노를 알고, 그것을 직면할 줄 알았으며, 그 겉모습과 근원을 알았고, 분노에 자동적으로 공격성과 폭력이 뒤따르는 것은 아니라는 것을 알았습니다. 그는 다른 사람을 때리지 않았습니다. 그는 물건을 불태우지 않았습니다. 그는 분노 때문에 앓아눕거나 죽지 않았습니다. 그리고 그는 분노를 자기 자신에게 돌리지 않았습니다. 마틴 루터 킹은 분노가 위대한 선을 위해 일하도록 했습니다. 그 과정에서 그의 분노는 아름다운 분노였습니다.

자신의 분노를 관리할 줄 모르는 사람이 그것을 할 수 있는 위대한 사람을 암살했다는 것은 슬픈 역설입니다.

이제 당신에게 돌아가 봅시다. 분노는 숨 쉬는 것처럼 자연스러운 것이기 때문에 그것에 대해 잘 알아 두는 편이 좋을 것입니다. 가까이 걸어가서 악수라도 하면 좋을 것입니다. 분노는 굉장한 힘의 근원이며 세상에서 우리가 좋아하는 것과 좋아하지 않는 것을 가르쳐주는 훌륭한 스승입니다. 분노 때문에 우리는 성장할 수 있습니다. 우리는 분노 때문에 목표를 세우고 우리 자신과 다른 사람을 위한 좋은 일을 할 수 있습니다. 일단 우리가 우리의 분노에 대해 알게 되고 통달하게 되면, 우리는 강하고 믿을 만한 친구를 얻을 수 있습니다. 우리가 분노의 노예가 될 필요는 없습니다. 더 중요한 것은, 우리가 절대로 그 희생자가 될 필요가 없다는 것입니다.

그러므로 우리가 우리의 분노에 대해 알게 되고, 그것을 명명하며, 누가 또는 무엇이 우리에게 그런 강력한 감정을 느끼게 했는지를 알게 되면, 우리는 분노 때문에 겁먹을 필요도 없고 그것의 통제를 받을 필요도 없습니다. 그 대신 우리는 멈추고, 생각하고, 목표를 정하고, 우리의 상황이 더 나아지도록 변화를 줄 수 있는 행동을 계획할 수 있습니다.

제발 기억하십시오. 화가 나는 것은 자연스러운 일입니다. 우리 자신이나 다른 사람에게 화가 나는 것은 정상입니다. 그러나 다른 것 때문에 너무 화가 나서 그 끔찍한 공격적 힘을 자기 자신에게 향하게 하는 것은 자연스러운 일도 정상적인 일도 아닙니다. 그것은 오히려 좌절은 분노를 낳고 분노는 공격성을 낳는다는 공식의 표현입니다. 만일 당신이 난폭한 곰(역자 주: 분노 그 자체)보다 더 조심스럽고 더 똑똑하지 않다면 그것의 희생자가 될 수도 있습니다.

그러므로 단지 누군가에게 당신이 얼마나 화가 났는지를 '보여 주기' 위해 죽음을 택하기 전에, 당신의 자살은 아무런 보탬이 되지 않으며 아무것도 바꾸지 못한다는 것을 생각하십시오. 정말로, 당신은 자신이 얼마나 화가 났었는지에 대해 말할 수 있을 것입니다. 그러나 자신에게 물어보십시오.

"내가 그걸 꼭 이런 식으로 해야만 하나?"

아니길 바랍니다.

10

꽉 들어찬 스트레스

나는 이 장을 이야기로 시작해서 이야기로 마치고 싶습니다. 그 사이에 나는 스트레스에 대해 당신과 몇 가지 이야기를 나누고자 합니다. 요즘에 스트레스에 대한 책도 너무 많고 말도 너무 무성하여 이 주제 자체가 스트레스가 된다는 것을 알고 있습니다. 하지만 당신이 최근에 스트레스를 많이 경험하고 있고, 그 경험이 자살 생각을 하게 만든다면 아마 다음의 몇 페이지에서 뭔가 도움을 받을 수 있을 것입니다.

애미는 스물한 살의 아름다운 여자입니다. 그녀는 고등학교 때 사귀었던 남자 친구와 1년 전에 결혼했습니다. 그녀의 남편은 엔지니어인데 지금 내가 일하고 있는 도시에 직장을 구하게 되어 애미도 유타에 있는 집을 떠나 이사를 해야 했습니다. 애미는 많은 소중한 것들—그녀의 아파트, 직장, 절친한 친구들, 엄마 그리고 고향—을 남겨 두고 떠나야 했습니다.

그리고 얼마 후, 애미는 임신을 했다는 사실을 알았습니다. 그녀는 기뻤지만 그녀의 남편 처크는 그렇지 않았습니다. 처크는 지금 당장 아이를 가지는 것을 원치 않았고 그녀가 조심하지 않아 임신이 되었다며 애미에게 화를 냈습니다. 그들은 새집을 장만하기 위해 무리하게 대출을 받았고, 그 때문에 처크는 아직 새 가족을 부양할 능력이 되지 않는다고 느꼈습니다. 처크는 늦게 귀가하기 시작했고 애미는 그가 외도를 한다고 의심했습니다. 나중에 부부치료자를 만나보자고 애미가 제안했으나 처크는 이를 거부했습니다.

그녀는 스스로를 돌봐야 한다는 생각에 직장을 알아보기 시작했습니다. 면접을 보러 가기 위해 운전을 하던 그녀는 자신의 결혼생활에 일어난 일들을 생각하느라 정지신호를 지나치고 말았습니다. 그로 인한 교통사고로 그녀는 쇄골이 부러졌으며 고통스런 목 부상을 입었습니다. 아기는 무사했으나 그녀는 나머지 임신 기간 동안 대단히 조심해야 했습니다. 그리고 얼마 뒤, 그녀의 여동생이 전화를 걸어 어머니가 말기암 진단을 받았다는 사실을 전했습니다.

애미가 어머니의 병명을 듣고 어머니와 함께 있기 위해 유타로 돌아가길 원하자, 처크는 "좋아, 거기로 가라고. 어쨌든 난 이혼하고 싶어."라고 말했습니다.

외롭고, 절망적이고, 우울하고, 신체적인 고통에 임신까지 한 그녀는 손목을 그었습니다. 이때가 바로 그녀가 나를 만나러 왔던 때입니다.

애미가 결국 어떻게 되었는지 자세히 설명하진 않겠지만 그녀는 잘 해냈고 살아남았습니다. 애미는 다시 일어섰으며 삶의 궤도로 되돌아갔습니다. 그녀는 지금 아주 잘 살고 있습니다.

애미 이야기의 요점은 이것입니다.

누구에게나 비는 내리는 것이지만 때로 당신은 허리케인을 만나기도 합니다.

스트레스에 대해 생각하는 한 가지 방식

당신이 최근에 어떤 스트레스를 받고 있는지 알 수 없기 때문에 나는 단지 당신의 이야기가 애미의 것과 유사하지 않을까 다만 짐작할 뿐입니다. 또는 어쩌면 당신 인생의 스트레스는 큰 사건이 터진 것이 아니라 자잘한 일들이 서서히 당신을 지치게 한 것인지도 모르겠습니다. 나는 이 두 가지 유형의 스트레스를 모두 살펴볼 것입니다.

첫째, 스트레스에 대해 부정적일 필요는 없습니다. 그것은 악마가 아닙니다. 그것은 독약이 아닙니다. 스트레스는 스트레스일 뿐입니다. 그것은 어디에나 있고 우리 중 누구도 거기에서 도망칠 수 없습니다. 어떤 스트레스가 없었다면, 우리는 우리의 잠재력을 다 사용하지 않았을 수도 있습니다. 어떤 스트레스가 없었다면, 우리가 최선을 다해 도전해 보려고 하지 않았거나 우리가 무슨 일을 해낼 수 있는지 배우지 못했을 것입니다. 전문가들이 말하길, 약간의 스트레스는 건강에 도움이 된다고 합니다.

그러나 우리가 스트레스를 처리할 수 있는 용량을 초과해 버리는 경우가 있습니다. 당신이 자살 결정에 대해 생각하는 중이고, 내가 꽉 들어찬 스트레스(maximum stress)라고 부르기로 한 것과 싸우고 있다고 가정해 봅시다. 꽉 들어찬 스트레스는 간단히 말해 당신이 참을 수 없다고 느끼는 스트레스를 전부 모은 것입니다.

스트레스에 대해 평가할 때, 다른 사람들이 그것을 스트레스라고 생각하는지 그렇지 않은지는 전혀 문제가 되지 않습니다. 문제는 당신이 무엇을 스트레스라고 생각하는가 하는 것입니다. 만일 당신이 대중 앞에서 말하는 것을 스트레스라고 생각한다면, 그것은 스트레스입니다. 만일 당신이 시험을 치르는 것을 스트레스라고 한다면, 그것은 스트레스입니다. 만일 당신이 여자에게 데이트를 청하는 것을 스트레스라고 한다면, 그것이 바로 스트레스입니다. 당신만이 무엇이 스트레스인지를 정의할 수 있으며, 자신의 신체언어를—당신의 위장이 무슨 말을 하는지, 당신의 심장박동과 당신의 땀샘이 뭐라고 이야기하는지를—제대로 읽어 냄으로써 어떤 것이 스트레스인지를 정의할 수 있습니다. 당신의 신체는 당신의 마음이 스트레스라고 지각하는 것에 반응할 수밖에 없습니다. '투쟁 혹은 도피(fight or flight)' 라고 불리는 반응은 당신이 위험하다고 인식하거나 당신에게 해로울 수 있는 가능성이 있다고 지각한 것에 직면했을 때, 자율신경계가 반응하는 것입니다.

우리 대부분은 급작스런 스트레스에 대해 신체가 이런 반응을 보인다는 것을 알고 있습니다. 그리고 우리가 영리하다면 여기에 주의를 기울일 것입니다. 우리는 이것을 어떤 대회에 나가거나 도전을 하는 상황에서 '벌떡 일어나게' (역자 주: 권투에서 두드려 맞고도 다시 일어나는 장면처럼) 하기 위해 이용할 수 있으나 오래 지속되면 적절히 기능할 수 있는 능력을 방해하기 때문에 우리는 이것을 피하는 방법을 찾게 됩니다.

우리는 스트레스가 되는 직장이나 인간관계를 바꿔 버립니다. 그리고 때로는 피하지 말아야 하는 스트레스를 피합니다. 그러나 어떤 상황에서든, 우리 대부분은 스트레스의 생리적인 측면을 알고 있고 우리의 신체가 언제 싸우거나 도피할 준비가 되는지를 알고 있습니다.

그러나 스트레스의 모든 징후가 우리에게 그렇게 분명한 것은 아닙니다. 또는 좀 더 빈번하게 우리는 삶 속에 무엇이 스트레스를 유발하는지 자각하지 못하기도 합니다. 무엇이 우리를 스트레스 받게 하는지 제대로 알지 못하는 것은 우리에게 가장 위험한 일입니다. 왜냐하면 무엇이 우리를 스트레스 받게 하는지 알지 못할 때에는 거기에 맞서 싸우기 위해 할 수 있는 것이 많지 않기 때문입니다.

내가 꽉 들어찬 스트레스라고 부르기로 한 것과 사람들이 종종 자살을 생각하도록 하는 생활사건(life events)의 견지에서 보았을 때, 나는 스트레스를 변화라고 생각하는 것이 도움이 된다고 생각합니다(이것은 스트레스에 대해 생각하는 새로운 방법이 아닙니다. 연구자들은 수십 년간 이 아이디어를 가지고 연구를 해 왔습니다).

변화가 필요한 시점에 대해 고려해 봅시다. 어떤 변화든, 우리가 거기에 적응해야 하는 변화면 됩니다. 일단 우리의 삶에서 뭔가 변화되면, 우리는 늘 하던 방식을 유지할 수 없습니다. 그보다는 인생에 새로 도입된 것에 일종의 적응을 해야만 합니다. 그러려면 에너지가 소요됩니다. 이론에 따르면, 너무 짧은 기간 안에 너무 많은 변화에 적응해야 할 때 과도한 스트레스를 경험할 수 있습니다.

만일 당신이 인생의 변화를 스트레스 사건으로 생각하고 그 순간을 스트레스의 영향이 누적되는 것으로 받아들인다면, 단기간에 아주 많은 변화에 적응해야 하는 상황에 처했을 때 당신에게 어떤 일이 생길까요? 누적된 스트레스를 다루는 당신의 능력이 어느 정도나 발휘될까요? 애미처럼 당신도 스트레스에 압도된다는 느낌을 받기 시작하고, 너무나 스트레스가 심해 보이는 상황에서 벗어날 방법을 찾기 시작할까요?

여기에 애미의 변화와 스트레스 요인에 관해 짧게 요약해 보았습니다.

1. 결혼
2. 편안했던 자신의 아파트에서 이사한 것
3. 친구들과 가족 그리고 지지의 근원이 되었던 것들을 두고 떠나온 것
4. 이사를 하면서 직장을 잃은 것
5. 새 집을 사면서 큰 빚을 진 것

6. 임신했다는 것을 안 것
7. 결혼에서의 부정적인 변화
8. 자동차 사고로 인한 부상(신체적 건강과 안녕감의 상실)
9. 말기암에 걸린 어머니를 결국은 잃게 될 것이라는 예상
10. 별거와 이혼 그리고 그와 관련된 자기존중감과 자기가치감의 상실

아무리 별일 아닌 것으로 치부하려 해도 분명 애미는 괜찮은 한 해를 보내지 못했습니다. 열 가지 주요 변화는 적응해야 하는 열 가지 중대한 현실이었습니다. 지난 한 해 동안 애미가 겪은 이 모든 변화를 모아 놓으면, 비록 그녀가 강한 사람일지라도, 스트레스에 적응할 수 있는 역치를 초과했다는 것을 쉽게 알아차릴 수 있습니다.

"난 더 이상 견딜 수가 없었어요."

이것이 바로 애미가 자살 행동을 하게 된 이유입니다.

"그건 너무 힘겨웠어요."

나와 이야기하면서 애미는 지난 한 해처럼 스트레스가 많은 삶을 일 년 더 산다는 것은 불가능한 일이라고 했습니다. 그리고 인생을 장기적인 관점에서 바라보도록 돕는 과정에서 그녀는 그렇게 드물게 발생하는 일련의 사건들이 또다시 발생하는 것은 거의 불가능하다는 것을 볼 수 있었습니다. 그녀는 곧 예전의 힘이 다시 돌아오는 것을 느끼기 시작했고, 더 잘 적응하기 시작했습니다. 자살에 대한 생각은 빠르게 줄어들었고, 상담회기가 끝날 즈음에 애미는 "이제

자살하는 것은 꿈도 꾸지 않아요."라고 이야기했습니다.

애미의 인생은 우리 나머지 사람들의 모습과 그리 다르지 않습니다. 우리는 누구나 어려운 몇 년, 극도로 스트레스가 심한 몇 년을 겪게 되어 있습니다. 한 가지 계략은 이런 해가 다가왔다는 것을 알고, 그것을 헤쳐 나가겠다는 굳은 결심을 하고, 그것을 맞이하는 것입니다. 우리가 이렇게 할 수 있다면, 애미처럼 우리는 더 강한 사람이 되어 어려움을 헤쳐 나갈 수 있으며, 우리가 쓰러진다 하더라도 우리의 치유 능력은 우리를 더 강하게 만들어 줄 것입니다.

갑작스런 과부하

사무실 책상 위에 있는 메시지 보드에 붙여 둔 짧은 경구는 내가 인생의 몇몇 커다란 변화를 감당하고 있던 어느 날 나에게 찾아온 것입니다.

'갑작스런 변화는 변화보다 더 나쁜 유일한 것이다.'

내가 이 짧은 메모를 책상 위의 메시지 보드에 붙여 둔 이유는 내가 꽤 많은 인생의 변화를 다룰 수 있지만, 때로 여러 가지 일이 너무 빨리 발생해서 스트레스에 대한 이 기본 법칙을 기억할 필요가 있는 날이 오기도 한다는 것을 상기시키기 위해서 입니다. 그 기본 법칙은 바로 변화가 스트레스가 되는 정도라면, 갑작스런 변화는 사람을 거의 망가트릴 수 있다는 것입니다.

만일 지금 당신의 인생에서 갑작스럽고 몹시 심한 변화, 예를 들어 중요한 것을 상실하거나, 뭔가 역전되었거나, 숨도 돌릴 수 없는 과중한 일을 떠맡은 경우에 당신은 스트레스의 갑작스런 과부하를 경험하고 있을 수 있습니다. 만약 당신이 그런 상태라면 어떤 일들이 당신의 내부에서 일어날 가능성이 있음을 인식하는 것이 도움이 될 것입니다—그 일들을 이해하게 되면, 사건 그 자체는 아니더라도, 적어도 그 사건에 대한 당신의 반응을 조절하는 데 도움이 됩니다.

살아가는 동안 우리는 갑자기 우리를 무너뜨릴 수 있는 어떤 사건들을 경험하는 때가 있습니다. 우리의 통제범위를 완전히 넘어서는 갑작스런 변화는 회오리 폭풍처럼 우리를 쓸어 가고, 그 진로를 바꾸기 위해 우리가 할 수 있는 일은 아무것도 없습니다. 주식시장이 붕괴되면서 한평생 저축해 놓은 돈을 날리기도 하고, 다니던 회사의 파산으로 갑자기 직장을 잃기도 합니다. 또 우리를 사랑한다고 믿었던 연인이 갑자기 다른 사람이 생겼다며 우리를 떠나겠다고 선언하기도 합니다. 경고도 없이 닥친 이런 일들은 우리의 삶을 송두리째 흔들고, 우리는 회오리바람에 휩쓸리듯 이리저리 떠밀려 결국 완전히 길을 잃게 됩니다.

이러한 스트레스의 과부하 동안에 우리는 어떤 해결책이든, 현 상황에서 숨을 돌리게 해 주는 것이라면 무엇이든 잡아 보려 합니다. 우리는 눈앞에 벌어진 일들을 통제할 수 있다는 느낌을 되찾을 필요가 있습니다. 그리고 바로 그때, 자살이 완전히 엉망진창이 된 현재의 상황이나 절망감보다는 나은 것처럼 보이기 시작합니다. 적어도 자살을 하면, 우리가 그 결과를 알기 때문에 다음에 벌어질 일들을 통제할 수 있다고 생각합니다.

그러나 나는 당신이 잠시 생각해 보았으면 하는 부분이 있습니다. 만약 지금 어떻게 그런 일이 벌어질 수 있을까 싶고, 당신이 얼마나 죄책감이나 분노, 우울감을 느끼건 간에, 실제로 그 사건들을 당신이 통제할 수 없는 것이었다면 어떨까요? 만약 지금 어떤 상황이 막 벌어지려고 하는데, 당신이든 다른 누구든 그것을 막기 위해 할 수 있는 일이 아무것도 없다면 어떨까요? 만약 당신이 그 상황에서 벗어나려고 하는 대신, 상황이 벌어지는 대로 그냥 두면 어떨까요?

익명의 알코올 중독자(Alcoholic's Anonymous, 역자 주: 알코올 중독자들을 위한 재활모임)에 속하는 사람들은 술에서 벗어나도록 돕는 아름다운 기도문을 가지고 있습니다. 평온의 기도(the Serenity Prayer)라고 부르는 이 기도문에는 다음과 같은 구절이 있습니다.

> 제가 변화시킬 수 없는 것을 받아들이는 평온함과 제가 할 수 있는 것을 변화시킬 수 있는 용기, 그리고 그 차이를 구분하는 지혜를 주십시오.

사람들이 마음에 품고 인생을 살아가는 말들 중에 이 말처럼 좋은 것은 없다고 생각합니다. 왜냐하면 우리가 얼마나 다른 상황을 바라건 간에 우리의 소망과는 다른 일들이 일어난다는 것을 그 안에서 볼 수 있기 때문입니다. 살아 있는 동안 우리는 그 상황을 있는 그대로 기품 있고 정중하게 수용해야만 합니다.

그러므로 만일 당신이 스트레스의 과부하를 겪고 있고, 당신의 목적, 가치, 신념 등에 대해 혼란스럽고 갈피를 잡을 수 없다면 지금이 바로 폭풍의 한가운데 확고하게 서서 당신이 변화시킬 수 없는 것들을 받아들일 시간입니다. 이런 입장에서 당신은 당신이 얻고자 하는 것—평온함과 평화로움—을 찾을 수 있을 것입니다.

위로 아니면 밖으로

요즘 세상이 돌아가는 모습 때문에 이 시대의 삶과 우리 모두가 대처하는 법을 배워야만 하는 스트레스에 대해 몇 마디 하려고 합니다.

우리는 늘 변화하고 적응할 것을 요구받습니다. 미래학자들은 세상이 계속 변할 것이라고 이야기합니다. 우리의 가치, 이념, 기술, 주거지, 우리가 하는 일, 그리고 우리가 아는 사람들 등이 변할 것이라고 합니다. 그리고 이런 끊임없는 변화는 과거 어느 때보다 더 빨리 일어날 것이라고 말합니다. 오늘 확고하고 확실하며 옳은 것이 내일은 흔들리고 뒤집어질 것입니다. 그리고 이런 끊임없는 변화, 그 내재된 불안정감을 좋아하지 않을 수는 있지만, 이런 상황에 대해 할 수 있는 일은 많지 않은 것 같습니다. 당신은 미래를 멈출 수 없으며, 변화를 막을 수 없습니다.

그러면 우리는 어떻게 해야만 할까요? 많은 스트레스원(原)을 크게 줄이는 것이 불가능하고 우리가 변화를 요구받을 수밖에 없기 때문에, 나는 이 시대에 산다는 것이 어떤 의미인지에 대해 좀 다른, 그리고 좀 더 건강한 관점을 가져야 한다고 생각합니다. 우리의 인생에 대해 다르게 생각해야 하고, 우리는 모두 변화를 겪을 것이라는 점을 알아야 합니다. 작은 변화든 큰 변화든 그리고 부단한 변화든 말입니다. 우리는 변화에 대한 준비를 하는 방식으로 성장하는 법, 심지어 변화를 즐거운 마음으로 기다리는 것까지도 배워야만 합니다.

그러나 그렇게 하기 위해, 꽤 이상한 우리 사회의 어떤 면에 대해서 살펴볼 필요가 있습니다. 이 이상함이라는 것은 행복과 성공으로 가는 길은 오직 하나뿐이라는 생각의 결과로, 우리가 자기 자신에게 부여하는 스트레스 그리고 압력과 관련이 있습니다.

그것은 더 '위로(up)' 라는 것인데, 우리 중 많은 사람이 우리의 삶이 언제나 지금 우리가 있는 곳에서 뭔가 새롭고, 좀 더 성공적이며, 더 높은 곳으로 이동할 필요가 있다고 느낀다는 것입니다.

우리가 지금 학생 B라면, 학생 A가 되어야만 합니다. 우리가 고등학교에서 농구를 한다면, 운동장학금을 받고 대학에 진학해야만 한다고 생각합니다. 우리가 대학 농구팀 선수라면, NBA 선수가 될 때까지 우리의 임무는 끝나지 않습니다. 우리는 숙련직을 좋아하지만, 관리직이 되어야 한다고 생각합니다. 우리는 엄마나 아내가 되는 것을 좋아하지만, 더 발전하고 자기를 실현하기 위해 학력과 커리어를 쌓아야 한다고 생각합니다.

더 위로, 위로, 위로. 내가 상담 작업을 하는 곳, 어디를 둘러보아도 자기 자신에게 만족하지 못해 어려움을 겪는 사람들을 볼 수 있습니다. 앞으로 더 나아가지 못하기 때문에 자신에게 만족하지 못하는 사람들이 있습니다. 설사 자신들이 앞으로 나아가고 있다 하더라도 더 빨리 나아가지 못해 불만입니다. 또한 본인은 자기의 일이나 학업에 대해 만족하는데, 배우자나 부모, 친구들이, 그들이 앞으로 더 나아가야 한다고 생각하기도 합니다. 학생들은 학점 때문에 고민하고 애태우는데, 그들이 학점을 아주 잘 받지 못하면 출세 가도에서 잘 나갈 수 없다고 믿기 때문입니다. 위로, 위로, 위로. 유일한 길은 위로 올라가는 것뿐입니다.

그리고 이것이 끝이 아닙니다. 요즈음에는 점점 더, 어떤 타당한 기준으로 봐도, 정말 성공한 사람들과의 상담 작업이 늘어 갑니다. 그들은 자동차도 있고, 전자레인지와 비디오 플레이어도 있으며, 건강한 데다 친구들도 있습니다. 그들은 한때 모든 미국인이 이루고자 했던 소망을 이루었습니다. 그들은 이미 도달했고 미국인의 꿈을 두 손에 쥐었습니다. 그러나 짐작이 됩니까? 그들은 행복하지 않습니다. 왜냐고요? 이제 그들은 다 올라왔고, 더 이상 갈 곳이 없기 때문입니다. 한 성공한 법률가가 내게 말했습니다.

"처음부터 다시 시작할 수 있다면 좋겠습니다."

"왜요?"

내가 물었습니다.

"그래야 다시 위로 올라갈 수 있잖아요."

흥미로운 것은 그의 경력의 정점에서, 변호사로서의 권력의 정점에서, 그의 개인적 생활이나 가족 생활이 거의 완벽한 시기에, 그가 꿈꾸었던 것보다 더 많은 돈을 벌어들이고 있을 때, 그가 자살 생각을 하고 있었다는 것입니다.

왜 그랬을까요? 내가 짐(Jim)과 그의 인생에 대한 관점을 알게 되면서, 그는 위로 올라가는 과정의 끝까지 달렸고 이제 그 논리적 종점에 도달했기 때문이라는 것을 알았습니다. 그는 이제 그곳에 도착했으며, 더 이상 해야 할 일도 없고, 더 이상 간절히 기다릴 것도 없었으며, 꿈꿀 것도, 계획할 것도, 추구할 것도 없었습니다. 그는 자신의 꿈을 다 이루어 버렸습니다. 그리고 이제 그는 빈털터리가 되었으며 밖으로 나가길 원했습니다.

이러한 짐이 어디로 가길 원했는지 아십니까? 그저 밖으로 나가는 것입니다. 자살은 그에게 논리적 귀결인 것처럼 보였습니다.

항상 위로 올라가야 한다는 우리의 강박증이, 그 과정에서 그리고 일단 우리가 가고자 했던 곳에 도착한 뒤에, 우울증이나 자살 사고를 느끼게 하는 발판이 되는 것은 아닌지 때로 궁금해집니다. 언제나 위로 올라가야 하는 게임은 우리가 잠시 멈추어 장미꽃 향기를 맡을 여유를 주지 않습니다. 우리는 시간이 없습니다. 우리는 너무 바쁩니다. 우리는 계속 위로 올라가야 하기 때문에, 잠시 멈춰 서서 우리가 성취한 것에 대해서 만족감을 느끼려 하면 죄책감을 느낍니다. 마치 우리는 결코 만족을 느끼지 못하는 것 같은데, 어딘가 다른 곳에 도달하고자 하는 욕구에 휘둘려 내가 지금 어디에 있는지가 기쁨이 되지 못하기 때문입니다. 적어도 내 관점에서는, 너무 많은 사람이 살기 위해 일하기보다는 일하기 위해 사는 것 같습니다.

그리고 어떻게 노는지 아는 사람이 점점 적어집니다. 노는 것은 애들이나 하는 것이라고 생각합니다. 그동안 나는 수십 명의 성인이 은퇴를 하거나 직장을 그만두고 나서 갑작스럽게 어찌할 바를 몰라 하는 모습을 보았습니다. 이들은 더 이상 일을 하지 않게 되자 뭘 해야 할지 알 수가 없었습니다. 인생은 이들에게 아무 의미도 없었습니다. 이들은 우울해졌습니다. 그리고 인생이 아무 의미도 없기 때문에 우울해졌을 때, 이들은 자살에 대해 생각하기 시작했습니다.

그중 한 사람이 내게 말했습니다.

"내가 일을 할 수 없다면, 차라리 죽는 게 나아요."

위로(up) 그리고 밖으로(out)의 두 번째 이상한 부분은 이것이 하차하는 것과 관련이 있다는 것입니다. 더 이상 위로 올라갈 수 없다면, 밖으로 나가는 편이 낫다는 것입니다. 군대의 상위 지위 계통은 이런 식으로 움직입니다. 당신이 어떤 조직에서 위로 올라가고 있지 않다면, 공헌을 하는 것이 아니라 정체되었다는 것입니다. 그러므로 당신이 승진을 하고 있는 것이 아니라면 그 조직을 나가는 것이 낫습니다.

이런 특성은 공부를 계속하지 않으면 대학에서 성공할 수 없을 것이라고 말하는 젊은이들 속에서도 찾아볼 수 있습니다. 그들은 대학에서 아주 잘하지 못하면, 위로 계속 올라갈 수 있는 좋은 직장을 잡을 수 없을 것이라고 말합니다. 그러므로 학점을 계속 잘 받지 못하면 나가 버리는 것이 낫습니다. 많은 젊은이가 실행하고 있는 이 '나가 버린다.'는 것은 자살 결정을 의미합니다.

세대를 거듭할수록 젊은이들을 극한으로 밀어붙이고 있는 일본은 국가고시—그 시험이 당신이 위로 올라갈 수 있는 기회를 가질 수 있는지 아닌지를 결정한다고 보는 것입니다—를 볼 즈음에 자살률이 상당히 증가합니다.

이 위로 아니면 밖으로(up-or-out)라는 철학은 적어도 내 의견으로는 정상이 아닙니다. 이것은 사람이 평범하게 사는 것에 행복감을 느낄 수 없게 합니다. 이것은 사람들이 좋아하는 일을 하는 데 편안해지지 못하게 합니다. 이것은 역사 과목에서 C를 받은 사람이 그래도 뭔가 가치 있는 것을 배웠다는 것으로 만족하지 못하게 합니다. 이것은 우리가 이미 해 놓은 것에 대해 즐기고 편안하게 이완할 수 있는 잠시의 시간도 허용하지 않습니다. 그보다는 이 위로 그리고 밖으로 철학은 우리가 어딘가 다른 곳으로 향하는 무자비한 달음질의 희생자가 될 때까지 점점 더 멀리까지, 그리고 점점 더 빨리 뛰라고 재촉합니다. 우리가 스트레스를 받는다고 불평하지만 우리는 스스로가 스트레스를 만들고 있다는 사실을 이해하지 못하는 것 같습니다.

당신이 이 위로 아니면 밖으로의 인생철학을 가지고 살아간다고 했을 때, 만일 난데없이 예상치 못한 커다란 생활 스트레스가 찾아온다면 당신에게 어떤 일이 벌어질까요? 만일 당신이 어떤 뜻밖의 비극의 희생자가 된다면? 전도유망한 운동선수가 크게 다쳐서 더 이상 운동을 하지 못하게 되거나, 새로운 경영진이 회사를 인수하면서 활동적인 회사 중역이 해고되거나, 곧 결혼하기로 되어 있는 연인이 자동차 사고로 죽게 되거나, 아버지께 물려받은 농장을 파산으로 잃는 등의 일은 우리가 아는 사람들에게 그리고 우리에게 일어납니다. 이런 일들이 우리에게 일어나면, 우리는 극도의 스트레스에 짓눌리게 됩니다. 하지만 이런 일들이 우리 인생은 끝이라는 신호인가요? 우리 인생을 통과하는 길이 그렇게 좁습니까? 다음 고개를 둘러갈 수도 있지 않을까요?

내가 이런 질문들을 하는 이유는 우리 중 너무 많은 사람이 이 세상을 사는 데 오직 한 가지 길만 있다고 생각하기 때문입니다. 우리는 미래를 과거나 현재보다 더 빡빡하게 만들려고 노력합니다. 얼마나 그것을 믿건 간에, 우리가 하려고 정해 놓았던 성공을 반드시 해야만 하고 성공을 하지 못하는 것은 실패, 완전히 실패한 것이라고 믿습니다.

이거 아니면 저거, 흑 아니면 백, 승리 아니면 패배라는 식의 사고는 우리가 인생의 주요 변화를 겪을 때 매우 위험합니다. 우리가 오직 한 가지 방식으로, 오직 한 사람하고만, 오직 한 가지 일을 하면서만 살 수 있고, 우리가 언제나 위로 올라가야만 한다는 생각에 사로잡혀 있으면, 이 지구에 생존하는 모든 생명체가 가지고 있는 어떤 것을 결여한 것입니다. 그것은 바로 적응성입니다. 우리가 유연하게 대처하지 못한다면, 작은 펀치만으로도 쓰러질 것입니다.

당신의 인생에 큰 변화를 요구하는 어떤 심한 스트레스를 받아 왔는데, 당신이 그렇게 변할 수 없다고 느낀다면 당신은 어쩌면 '위로 아니면 밖으로' 의 철학에 사로잡혀 있는 것일 수 있습니다. 어쩌면 '밖으로' 부분에 대해 생각하면서, 적어도 자살을 하면 스트레스에서 벗어나지 않을까 생각하고 있을지도 모릅니다.

만일 그렇다면 당신이 몇 가지를 고려해 보았으면 합니다. 최근에 당신의 인생에 심한 상처를 주는 스트레스를 겪었다 해도, 적어도 당신이 어떻게 그 스트레스를 바라보는지, 그리고 어떻게 거기에 반응하는지는 인생에 대한 당신의 철학과 관련이 있습니다. 우리에게 나쁜 일이 일어날 때(그런 일은 일어나게 되어 있습니다), 우리는 그것을 해석합니다. 그리고 그것을 해석하는 방법이 우리의 인생철학입니다.

이 책의 마지막 장에서, 무례하지만 당신의 인생철학에 대해 생각해 보라고 요구하겠습니다. 나는 이 세상에서 어떻게 살아야 하는지에 대한 나의 철학을 공유하자는 것이 아니며, 단지 당신이 자신의 철학을 살펴보는 데 도움이 되고자 합니다. 만일 당신이 최근에 인생철학을 돌아본 적이 없다면 한번 시도해 보기 바랍니다. 내가 이것을 요청하는 이유는 우리가 이 세상을 변화시킬 수는 없을지 몰라도 우리가 세상에 대해 생각하고 인생에 대해 행동하는 방식만큼은 바꿀 수 있기 때문입니다.

다시 묻겠습니다. 정말로 마지막에는 당신에게 어떤 일이 벌어질까요? 위기가 지나간 뒤에 가능할 거라고는 꿈도 못 꾸었던 새로운 기회가 찾아오는 것은 아닐까요? 마지막으로 당신이 어느덧 한 사람이 어떻게 인생을 살아가게 되어 있는가에 대해, 그리고 거기 수반되는 것들에 대해 위로 아니면 밖으로라는 철학을 받아들이고 있다면, 당신도 나처럼 이것이 건강한 사고방식이 아니라고 느꼈으면 합니다. 특히, 이런 철학이 자기파괴적인 생각을 하게 한다면 말입니다.

처음에 이 장을 짧은 이야기로 끝마치고 싶다고 했습니다. 이 이야기는 한 친구에게서 들은 것이고 그 원작에 대해서는 모릅니다. 그러므로 내가 이 이야기를 빌려 하는 것에 대해 저자가 언짢아하신다면 미리 사과를 드리고 싶습니다.

이 이야기는 늙은 농부, 이반에 관한 이야기입니다. 그는 비록 물질적으로는 가난했지만 지혜가 풍부했습니다. 그는 조그만 농장에서 아내와 외아들과 함께 살았습니다. 그의 재산이라고는 괜찮은 종마 한 마리뿐이었습니다.

어느 이른 봄날, 종마가 밧줄을 끊고 산으로 도망쳤습니다. 이 이야기를 듣고 이반의 친구들과 이웃 사람들이 말했습니다.

"자네 말이 달아났다는 이야기를 들었네. 이제 자넨 빈털터리야. 자네 전 재산이 날아가 버렸다고. 이제 전보다 더 가난해질 텐데 어떻게 할 건가? 너무 안 됐네."

이반이 대답했습니다.

"글쎄, 그렇게 말하긴 아직 이르지."

이틀이 지나고 달아났던 종마가 다섯 마리의 암말과 함께 돌아왔습니다.

"와, 자네는 행운아야."

친구들이 부러움에 가득 차서 말했습니다.

"이제 자네는 부자야. 말이 여섯 마리라고. 얼마나 운이 좋아! 좋겠네."

이반이 말했습니다.

"글쎄, 좀 두고 봐야지……."

그리고 얼마 후 암말들을 우리에 넣기 위해 안장을 채우려던 이반의 아들이 말이 날뛰는 바람에 울타리로 떨어져 다리를 크게 다쳤습니다.

"아이고!"

이반의 친구들은 사고 소식을 듣고 소리쳤습니다.

"결국은 운이 나빴군. 끔찍한 일이네. 하나 밖에 없는 아들이 다리가 부러지다니, 이제 씨를 뿌리고 추수하는 것을 누가 돕겠나! 이반, 자네한테는 미안하지만 나는 일을 도울 건장한 아들이 둘이나 되니 내가 행운아이고 자네가 불운한 거 같네그려. 참 안 됐어!"

"글쎄."

이반이 말했습니다.

그러고 한 주 뒤에, 왕의 군대가 마을로 와서 전쟁에 나가 싸울 건강한 젊은이들을 징집해 갔는데 이반의 아들은 데려가지 않았습니다.

내가 이 이야기를 한 이유가 여러분에게 분명하길 바랍니다. 이 이야기가 우리에게 하는 말은 오늘 아무리 끔찍하고 힘겨운 일을 겪는다 해도 내일은 어떤 예상치 못한 일들이 일어날 수 있다는 것입니다. 그리고 우리가 나쁜 시절이 지나가길 기다린다면 상황은 호전될 것이라는 말입니다.

끝으로, 인생을 잘 산다는 것은 비극이 없는 삶을 사는 것이 아니라 비극을 견디고 거기서 일어나는 것이라고 생각합니다. 미래의 어느 시점에서 지금을 되돌아본다면 오늘의 비극이 내일의 추억—약간은 슬프고, 약간은 달콤하고, 약간은 우습기도 한—이라는 것을 알게 될 것입니다. 그렇기 때문에 우리가 할 일은 거기 매달려 버티는 것입니다. 필요하면 손톱을 사용하는 한이 있더라도 말입니다.

11

희망을 품기에는 너무 절망적인가요

현재 약학의 많은 분야에서는 소위 '마법의 탄환(magic bullets)'이라고 불리는 것을 찾기 위해 애쓰고 있습니다. 마법의 탄환이라는 것은 환자의 목숨을 위협하는 바이러스나 암세포 같은 것을 특정하게 공격하고 파괴하는 약물을 말합니다. 불행히도 현재 정신의학이나 심리학에는 이런 마법의 탄환이 거의 없습니다. 하지만 우리 같은 치료전문가들이 언젠가 발견하게 될 모든 마법의 탄환 중에서 하나를 고를 수 있다면, 그 첫 번째 것은 분명히 절망을 제거하는 약일 것입니다.

당신은 지금 다른 여러 감정 — 절망, 분노, 외로움 또는 깊은 상실감 — 을 느낄 수 있는데, 당신의 상황이 절망적이라고 하는 것만큼 나를 걱정시키는 말은 없을 것입니다. 내가 걱정하는 이유는 절망의 상태가 가장 위험한 것이기 때문입니다. 희망이 없다는 것은 어떤 미래도, 어떤 위로도, 어떤 치유도, 그리고 상황이 조금씩 나아질 것이라는 어떤 전망도 단념했다는 것입니다. 이것은 완전한 낙심이라는 마음의 상태에서 나오는 것이며, 여기에서 강하고 확고한 자살 생각이 자라나 마지막에는 그것이 그럴듯한 해결책처럼 보이게 됩니다.

그러므로 당신이 희망을 품기에는 너무 절망적이라면, 진심으로 당신이 걱정스럽습니다. 그리고 비록 내가 당신의 절망감을 제거하기 위한 마법의 탄환을 가지고 있지는 않지만 절망감에 대해 내가 알고 있는 것, 그것이 어디서부터 왔는지, 그것을 끝장내기 위해 당신이 할 수 있는 것이 무엇인지를 당신과 함께 나누고 싶습니다.

그동안 많은 내담자에게 말했던 것처럼 나는 희망의 주사나, 한 움큼의 희망 알약이나, 절망감에 빠진 사람들에게 소중한 안식을 줄 수 있는 책을 꺼내 줄 수 있기를 바랍니다. 그리고 이들을 위해 몇 분 동안— 몇 시간이나 며칠 또는 몇 달이 아니라(이런 것은 치료자들의 환상입니다)— 내가 할 수 있는 무엇이든 하길 바랍니다. 그러나 불행히도 한 사람에게서 다른 사람에게로 희망을 전달하는 것은 그리 쉬운 일이 아닙니다. 절망의 나락으로 빠지는 데 시간, 상실, 실패 그리고 결함이 필요했던 것처럼, 반대로 거기서 다시 올라오는 데도 시간, 승리 그리고 성공이 필요합니다. 그러나 이것은 해낼 수 있는 것입니다.

전문적인 심리학자로서 나는 절망감에 대해 특정한 종교적 해결책을 추천할 수는 없습니다. 그러나 어떤 사람에게는 이것이 해결책이라는 것을 확신합니다. 만일 신에게로 향하는 것이 당신이 원하는 것이라면 지금 당장 그 여정을 시작하길 강력히 권합니다.

절망감은 어디에서 왔을까요

절망감에 대해 당신이 알기를 바라는 한 가지는 절망적인 느낌을 받기 위해 꼭 우울할 필요는 없다는 것입니다. 대부분은 아니지만 우울한 많은 사람이 어느 정도의 절망감을 경험합니다. 그러나 절망감은 우리 중 누구라도 덮칠 수 있습니다. 절망감, 철저히 낙심한 마음은 미래나 문제해결에 대해 '무슨 소용이 있어? 차라리 죽는 게 낫겠다.' 라는 생각을 자꾸 하게 합니다.

당신이 절망감을 이해하는 것을 돕기 위해, 몇몇 심리학자의 업적에 의지해 설명을 해 나갈 것인데, 그들의 연구와 아이디어는 가장 고통스런 마음의 상태에 빛을 비춰 주었습니다. 마틴 셀리그먼(Martin Seligman), 아론 벡(Aaron Beck), 그리고 다른 많은 학자가 '학습된 무기력' 이라고 부르는 개념을 이해하기 위한 노력을 해 왔습니다. 학습된 무기력이라는 것은 말 그대로입니다. 사람이 자신의 세계를 변화시키려고 노력할 때 반복되는 실패를 경험하면, 결국에는 자신이 노력을 해 봐야 아무 소용이 없다는 것을 학습하게 되고, 인생에서 일어나는 사건들을 통제하는 데 대해 무기력해집니다. 그리고 일단 자신의 미래를 통제하는 데 무기력하다고 느끼면, 이들은 금방 우울증과 절망감이라고 부르는 마음의 상태로 떨어지게 됩니다.

이것이, 간단히 말해서, 학습된 무기력이 생기는 과정입니다. 특성상 생물학적 요인으로 인해 우울증을 겪고 있는 사람들을 제외하고, 대다수의 우울하고 낙심한 사람들은 사랑하는 사람의 상실이나 학교나 직장에서 제대로 기능하지 못하는 것이나 재정적인 어려움에 대한 반응으로, 또는 어떤 이유에서든, 우리가 아무리 열심히 해봐야 소용이 없다는 믿음을 가지게 되기 때문에 우울해집니다. 심지어 성공한 사람들도 자신들이 열심히 노력해서가 아니라 운이 좋았기 때문에 성공할 수 있었다고 믿을 수 있습니다.

우리가 아무리 애써 봐야 소용이 없다는 느낌이 바로 학습된 무기력의 핵심입니다. 당신의 인생이 계속해서 두들겨 맞고 쓰러진 이후에, 마치 나쁜 일은 그저 생기는 것이고, 그것을 막기 위해 당신이 할 수 있는 일은 아무것도 없다고 믿어 버리게 되는 것과 같습니다. 일단 당신이 뭔가 변화시키고 통제해 보려고 노력해 봐야 아무 소용이 없다고 생각하는 이상한 세상에 도달하게 되면, 절망감에 빠지는 데는 시간이 얼마 걸리지 않습니다.

세일라는 몇 주간 나와 함께 상담 작업을 한 우울한 젊은 여성입니다. 그녀는 '저는 저주를 받은 것 같아요.' 라는 짤막한 말로 자신의 무기력하고 절망적인 상태를 요약했습니다.

"저는 남자 친구한테 우리의 문제에 대해 이야기하려고 했어요. 하지만 그는 들으려고 하지 않았어요. 직장을 구하려고 수십 번이나 면접을 봤는데, 나를 고용하겠다는 곳은 아무 데도 없고, 그동안 다이어트를 계속해 왔지만, 몸무게는 더 늘었고, 길에서 넘어졌는데 발목뼈가 부러졌어요. 이젠 직장을 구하러 나갈 수도 없어요. 내가 노력하면 할수록 더 많이 실패하는 거 같아요. 그래요, ……절망적이에요."

비록 본인은 알지 못했지만, 세일라는 학습된 무기력의 양상에 꼭 들어맞았습니다. 그녀는 인생을 어떻게든 잘 꾸려 보려고 애를 썼지만 제대로 되는 것이 아무것도 없었습니다. 몇 달을 노력해 본 뒤, 그녀는 자신이 무슨 일을 하건 간에 실패할 것이라는 결론을 내리게 되었습니다. 그리고 나서 실패했다는 느낌을 줄이고, 더 이상의 자존심 상실을 막기 위해 시도하기 전부터 실패할 것이라고 예상하기 시작했습니다.

"이제……."

그녀가 말했습니다.

"직장에 면접을 보러 갈 때, 그들이 나를 고용하지 않을 거라는 걸 알아요. 사무실에 들어가기 전에 그걸 알고요, 면접관들의 얼굴을 봐도 알 수 있어요. 그리고 당신도 알겠지만, 그들도 내 얼굴에서 그걸 볼 수 있다고 생각해요."

세일라의 말처럼 오랫동안 반복해서 실패를 경험한 뒤에는 자신의 미래를 예측하는 일이 점점 더 쉬워집니다. 자신의 과거사를 알고 있을 때, 가장 안전한 예측은 또 실패할 것이라고 예상하는 것입니다. 일단 실패할 것이라고 예상하기 시작하면, 실망할 일이 없습니다. 왜냐하면 비록 당신이 깨닫지는 못하더라도, 실패하는 쪽으로 상황을 몰아가기 시작할 것이기 때문입니다. 세일라처럼 말입니다.

"그가 나에게 면접 결과에 대해 말하기도 전에, 나를 면접했던 고용인한테, 당신이 나를 위해 해 줄 수 있는 게 아무것도 없다고 말한다 해도 이해한다고 말했어요. 내 짐작에는 그가 결정을 하도록 내가 도운 것 같아요. 한심하죠?"

세일라가 한 행동은 한심한 것일 수 있습니다. 그러나 그녀에게는 그것이 타당한 행동이었습니다. 거부당하는 것을 미리 예상함으로써 떨어졌을 때 받을 충격을 줄인 것입니다. 그러나 이것은 학습된 무기력의 심리학이며, 좀 더 심하게 말하자면 패자의 심리학입니다.

세일라는 낙오자가 아니었습니다. 그녀는 우수한 고등학생이었고, 토론에 나가 상을 받은 적도 있었습니다. 그녀는 2년 동안 스스로 학비를 마련해서 경영학을 공부했으며 아주 잘 해냈습니다. 그녀는 혼자 기타를 연주하는 것을 배웠으며, 아버지가 돌아가신 후, 어머니가 상처를 딛고 일어서도록 도왔습니다. 그녀는 많은 일을 잘 해냈고, 객관적인 관점에서 보았을 때, 성공했다고 볼 수 있습니다. 그러나 그녀는 요즘에 자신이 생각하기에 성공적이라고 볼 수 있는 것을 아무것도 해내지 못했습니다. 바로 이것이 핵심입니다. 이렇게 지난 몇 달간, 몇 가지에서 실패하면서 그녀는 한 가지 논리적 결론에 다다르게 된 것입니다. 즉, 자신은 실패하게 되어 있다는 것입니다.

타고난 실패자

사람들이 할 수 있는 대단한 일 중 하나는 자신의 과거사를 각색하는 것입니다. 우리 모두는 늘 그렇게 합니다. 우리는 고등학교 때 받은 성적을 좀 제멋대로 '기억하는' 자유를 가지고 있습니다. 직장을 구하기 위해 이력서를 써 나갈 때, 어떤 직장에서 일 년 동안 일했다고 '기억' 하지만 실은 아홉 달만 일한 것이기도 합니다. 우리는 첫사랑이었던 여자 친구를 차 버렸다고 '기억' 하지만 실은 그런 게 아니기도 합니다. 회상하는 데 있어서 이런 작은 왜곡들은 그 순간 우리의 욕구에 부응하는 경향이 있습니다. 그리고 우리가 기억하는 것이 다른 사람에게 해가 되지 않는 한, 자신의 과거를 어떻게 각색하든 크게 문제될 일은 없습니다.

그러나 잠시 동안, 당신이 전례없는 상실과 좌절과 실패를 겪었을 때, 무슨 일이 생기는지 살펴봅시다. 어떤 일들이 우리에게 발생하였을 때, 막아 보려고 노력함에도 불구하고 잘 할 수가 없다면 어떨까요? 그런 일들이 몇 주, 몇 달 동안 계속해서 일어난다면 어떤 일이 생길까요? 무기력하다거나 상황이 절망적이라고 느끼기 시작하지 않을까요? 분명 그럴 수 있습니다.

우리 모두는 자신의 과거사를 각색하는 경향이 있는데, 상황이 최악으로 치달을 때 우리가 늘 실패만하는 사람이 아니었는지 어떻게 의심을 품지 않을 수 있겠습니까? 만일 오늘 우리가 실패한 사람이라 하더라도, 우리가 늘 그랬을까요? 그리고 우리가 늘 실패하는 사람이었다고 해도, 그게 우리가 태어날 때부터 실패할 운명을 타고났다는 것을 의미할까요?

맞건 틀리건, 논리적이건 비논리적이건, 당신이 스스로를 실패하도록 타고난 사람이라고 단정해 버리면, 인생의 모든 것이 훨씬 더 간단해집니다—더 비참하고 더 절망적이지만 더 간단합니다.

아무도 실패자로 타고난 사람한테 많은 것을 기대하지 않습니다. 실패자로 태어난 사람은 스스로에게 많은 것을 기대하지 않습니다. 실패자로 태어난 사람은 노력을 할 필요가 없습니다. 실패자로 태어난 사람은 아침에 일어날 필요가 없습니다. 실패자로 태어난 사람은 사람들이 그를 사랑하는지 또는 그가 다른 사람을 사랑하는지에 대해 걱정할 필요가 없습니다. 왜냐하면 실패자로 태어난 사람은 사랑이라는 분야에서도 역시 실패할 것이기 때문입니다.

정의상 실패자로 태어난 사람이라고 하면, 거기에는 희망이 없습니다—왜냐하면 그렇게 하는 것은 더 나은 내일을 꿈꾸는 것이기 때문입니다. 우리는 실패자로 태어난 사람은 더 나은 미래를 누릴 자격이 없다는 것을 알고 있습니다. 왜냐하면 결국 그들은 실패하게 되어 있으니까요.

절망감으로 고통받는 사람들에게 좌우명이 하나 있다면, 그것은 실패하기 위해 태어났다는 것일 겁니다. 몇 년 동안 자문을 해 온 한 교도소에서 다음과 같은 좌우명을 문신으로 팔에 새긴 재소자들을 많이 만났습니다.

"그래, 나는 실패자다."

이들은 이렇게 말하는 듯합니다.

"내가 실패자가 아니라면 왜 복역을 하고 있겠습니까?"

그러나 어떤 사람이 자신을 타고난 실패자라고 생각한다면 거기에는 치러야 할 끔찍한 대가가 있습니다—그 대가는 절망감입니다. 그는 '한 번 실패자는 늘 실패자다.' 라는 자기충족적 예언(self-fulfilling prophecy)에 따라 살게 될 뿐만 아니라 더 이상 계속할 수 없을 때까지 이러한 자신의 정체감을 유지하기 위해 할 수 있는 모든 것을 할 것입니다.

누가 실패자를 낳는지 모르겠지만, 나는 이들의 부모를 만나야 합니다. 정말로, 자신의 아이들에게 "너는 별 볼일 없는 사람이고 결코 나아지지 않을 거야."라고 말하는 부모가 있습니다. 그러나 내가 보기에, 실패하는 사람으로 태어났다는 사람은 대부분 이 학습된 무기력의 의심스러운 타이틀을 스스로 부여한 것입니다.

그러므로 당신이 절망적이라고 느끼기 시작했다면, 보기에 그럴듯한 다음의 논리적 단계로 넘어가지 마십시오. "상황은 절망적이야. 상황은 늘 절망적이었어. 그러니까 앞으로도 절망적일 거야."라고 말하는 함정에 빠지지 마십시오. 그렇게 하기 위해서는 조치를 취해 당신의 과거사를 말이 되게 각색하는 과정이 필요합니다. 만일 당신이 '지금 상황이 이러하다면, 그것은 언제나 그랬던 것이고 앞으로도 그럴 것이다.' 라는 논리를 믿는다면 뭔가가 잘못된 것이 틀림없습니다. 그 뭔가는 '나는 절망적이다.' 라는 것입니다.

절망적인 사례라는 자격을 얻기 위해서 새로운 꼬리표, 일종의 실패자 타이틀이 필요할 것입니다. 불운한 녀석, 실패작 등 선택할 것은 많이 있습니다. 나는 당신이 이런 행동을 아직 하지 않았길 바랍니다. 그러나 당신이 이런 행동을 했다면 지금이 다시 생각해 볼 때입니다. 어떻게 당신이 절망감을 느끼게 되었는지, 이런 마음의 상태를 변화시키기 위해 할 수 있는 것이 무엇인지 생각해 볼 때입니다.

문제, 문제, 문제

당신과 나 모두는 우리 모두가 문제를 가지고 있다는 사실을 알고 있습니다. 작은 것이든 일상적인 것이든 특대 사이즈로 찾아오는 문제든 말입니다. 모든 사람은 문제를 가지고 있습니다. 부유하고 건강한 사람이든 가난하고 병약한 사람이든 말입니다. 인생을 살면서 문제가 없다는 것은 불가능한 일입니다.

그러나 희망이 있는 사람에게 문제는 도전이며 해결책을 찾는 기회지만, 절망에 빠진 사람에게 문제는 단지 또다시 패배할 기회일 뿐입니다. 이것이 희망적인 사람과 절망에 빠진 사람의 기본적인 차이입니다—한 사람은 문제를 잘 해결할 수 있는 기회라고 생각하고, 다른 한 사람은 실패할 기회라고 생각합니다. 그러므로 적어도 내가 보기에, 문제는 당신이 만드는 것입니다.

내담자들을 만나 상담을 하면서, 절망적인 사고의 특징과 절망에 빠진 사람들이 어떻게 인생의 문제를 바라보는지를 알게 되었습니다. 여기 몇 가지 예가 있습니다.

"나는 결혼생활을 끝내야 한다는 걸 알아요. 하지만 아마도 또 프레드 같은 술주정뱅이와 결혼할 거예요."

"내 일이 나를 괴롭히고 있다는 걸 잘 알아요. 그러나 대부분의 사람이 자기 일을 좋아하지 않잖아요. 그런데 번거롭게 뭘 해야 합니까?"

"내가 살을 빼야만 한다는 걸 알아요. 하지만 젠장, 난 자신을 잘 알아요. 다시 살이 찌고 말 거예요."

이 사람들은 절망적인 태도에 사로잡혀 있습니다. 이들은 문제를 봅니다. 그러나 그 결과를 미리 알고 있습니다. 그들은 의심도 품지 않고 자기가 실패할 것이라는 것을 압니다. 그러므로 그들은 말합니다. '노력해 봐야 무슨 소용이 있습니까?'

좋은 질문입니다. 만일 내가 몇몇 내담자들이 생각하는 것처럼—실패할 게 뻔하다고—믿는다면, 내가 하는 작업이 소용없을 것이라는 점을 알고 돈이나 잘 버는 다른 일을 하는 것이 나을 것입니다. 나는 내가 하는 일이 쓸데없는 것이라고 믿지 않습니다. 나는 내 내담자들이 믿고 있는 것처럼 그렇게 절망적이지는 않다고 믿습니다. 절망에 빠진 사람들과 일할 때 내가 할 일은 그들을 흔들어 그들이 자신의 문제에 대해 생각하는 방식에 도전하고 상황을 다르게 보도록 돕는 것입니다.

당신이 그런지 아닌지 잘 모르지만, 내가 짐작하기에 당신이 자신의 상황에 대해 절망적으로 느껴 왔다면 당신은 이와 유사한 태도를 발달시켰을 수 있습니다. 그리고 당신이 자살을 결정하는 것을 고려하고 있다면, 적어도 인생의 어떤 부분에서 실패만이 당신이 기대할 수 있는 유일하고 확실한 결과라고 믿기로 했다는 것을 확신할 수 있습니다.

그러므로 이 장의 나머지 부분에서 나는 당신의 사고에 도전해 보고자 합니다. 당신을 흔들어 깨우고자 합니다. 그리고 가능하다면 당신이 최근에 많은 어려움을 경험하고 있는 사람으로서, 오늘 그런 것 같아 보이는 사실에 맞추어 자신의 과거를 각색하고 있을 수 있다는 점을 고려하기 바랍니다.

몇몇 부유하고 유명한 사람들이 왜 자살을 하는지 궁금해한 적 있습니까? "그녀가 왜 그랬을까? 그녀는 모든 걸 다 가진 것 같았는데, 살아야 할 이유가 충분한 것 같았는데." 하며 의아해한 적이 있습니까?

좀 더 나은 질문은 '그녀는 무엇에 대해 그렇게 절망적이었을까?' 일 수 있습니다. 이 질문을 통해 당신은 중요한 문제에 대한 답을 찾을 가능성이 높기 때문입니다. 그렇습니다. 그녀는 문제를 가지고 있었습니다. 그렇습니다. 그 문제는 그녀에게 해결할 수 없는 것처럼 보였습니다. 그렇습니다. 그녀는 부유하고 건강하고 성공한 것처럼 보였지만, 자살을 하기로 결정했습니다. 만일 우리가 그 사람에 대한 진실을 알 수 있다면, 절망감이 그녀를 압도해서 그 문제의 유일한 결과는 실패라고 보았다는 점을 발견할 것입니다.

사람이 자살을 생각하도록 몰아대는 것이 바로 이 실패를 확신하는 마음입니다. 자살을 그토록 매력적인 것으로 보이게 하는 마음의 틀을 우리에게 주입하는 것은 바로 피할 길 없는 재앙이 다가온다는 느낌입니다. 패배는 확실한 것이며, 그것을 피하는 유일한 길은 자살뿐이라고 확신하는 것입니다.

그러나 잠시만 기다리십시오. 다른 사례를 제시하고 싶습니다. 어떤 문제든 한 문제가 하나 이상의 결과를 가지고 있는 사례를 구성해 보고 싶습니다. 더 나아가 우리의 삶에 문제가 없다는 것이 우리를 기쁘게 하는 것이 아니라 문제를 해결할 수 있는 힘을 가지고 있다는 느낌이 우리를 기쁘게 하는 경우를 만들어 보고 싶습니다. 문제 그 자체는 특별할 것이 없습니다. 그것은 비처럼 평범한 것입니다. 우리는 그것을 어느 계절에나 만날 수 있습니다. 우리를 가라앉게 하는 것은 우리의 문제가 아니라, 오히려 우리가 문제에 대해 어떻게 생각하는가, 우리가 더 나아지기 위해 무엇을 하는가 입니다.

사람이 가진 내적인 힘

당신이 처음으로 자전거 타기를 배웠던 때를 기억하십니까? 분명히 바퀴 네 개가 필요할 것 같이 생겼는데 바퀴가 두 개뿐인 이상하게 생긴 기계장비를 타려고 했을 때 어땠는지 말 입니다. 자전거를 타려면 바로 중력의 법칙에 도전해야 합니다. 하지만 계속 연습을 한 뒤에 결국 어떤 일이 일어났습니까?

물론, 당신은 넘어졌을 것입니다. 팔꿈치나 무릎이 까졌을 것입니다. 처음 몇 번은 공기를 가르며 달린 시간보다 땅바닥에 쓰러져 있는 시간에 더 많았을 것입니다. 그러나 조금씩 균형을 잡았을 것입니다. 그러다가 넘어지지 않기 위해서는 계속 페달을 밟고 앞으로 나가야 한다는 것을 발견했을 것입니다. 그러면 요술처럼 이 별난 물건을 타고 거의 직선으로 몇 미터를 갈 수 있고, 그 다음은 몇 백 미터를, 그 다음은 동네 한 바퀴를 돌 수 있었을 것입니다. 그리고 아마도 몇 시간 이내에 당신은 시원한 바람을 가르며 우주를 손안에 거느린 느낌을 받았을 것입니다.

우주를 다 손에 넣은 듯한 그 느낌은 우리 모두가 늘 원하는 것입니다. 이것이 바로 우리가 아는 가장 환상적인 느낌입니다. 이것은 힘(권력)입니다. 이것은 독자적 권력이며 통제할 수 있는 권한입니다. 이것은 문제를 두 손으로 움켜쥐고 '기권!' 이라며 비명을 지르도록 찍어 누르는 것입니다. 내 생각에는 이것이 무기력한 상태와 절망적인 상태에 대한 우선적인, 최선의 그리고 유일한 치료법입니다.

그러나 당신은 자전거 타기를 배우는 것은 내 문제에 비하면 너무 쉽다고 말할 것입니다. 자전거 타는 것은 누구라도 배울 수 있다고 주장할 것입니다.

아마도 그럴 것입니다. 하지만 당신이 처음으로 두 바퀴로 균형을 잡으려고 애쓰던 순간으로 돌아가 그때를 기억할 수 있다면, 그때 느꼈던 감정과 어떤 '극복할 수 없는' 문제들을 직면하고 있는 지금의 감정이 똑같은 것이라는 점을 알 수 있을 것입니다. 무서운 일이 곧 벌어질 것 같은 느낌, '제대로 될 리가 없다.' 는 본질적인 수준의 인식, '나는 이걸 할 수 없어.' 와 같은 부정적인 내면의 목소리—이 모두가 익숙한 느낌일 것입니다. 이런 마음은 우리가 처음으로 어려운 일을 시도할 때면 언제나 수반되는 것입니다. 이런 감정들은 사람이라는 종(種)에 기본으로 속하는 것입니다.

하지만 이런 감정들이 우리를 가로막아야만 합니까? 우리가 넘어졌기 때문에 절대로 걷거나 자전거를 타거나 사랑에 빠지지 말아야 합니까? 우리 앞에 놓인 문제 때문에, 그것을 우회하는 길을 찾아야 하고, 우리가 상처를 받을 것이기 때문에 그것을 피해야 합니까? "그건 해결될 수 없어. 그런데 노력해서 뭐해?" 라고 말해야 합니까?

만일 이런 감정들과 실패에 대한 두려움이 처음으로 두 바퀴 자전거에 올라앉은 당신을 물러서게 했다면, 당신이 자전거 타는 것을 배울 수 있었을까요? 아닙니다. 물론 아닐 것입니다.

만일 이런 감정들이 처음으로 데이트를 신청하려는 결심을 좌지우지했다면, 당신은 상대를 만나러 나갈 수 있었을까요? 아니었을 것입니다.

만일 선생님이 당신에게 전교생 앞에서 짧은 연설을 하도록 격려하거나 억지로 시키지 않았다면, 당신이 그런 일을 했을까요? 아닐 것입니다.

이것은 당신이 어떤 겁나는 일을 처음으로 했을 때 늘 일어나는 일입니다. 당신과 나는 우리가 어떻게 느꼈건 간에 그 일을 해야만 했습니다. 우리는 행동을 해야 했습니다! 우리는 우리의 감정을 한 켠에 밀어 두고 그 일을 해야 했습니다! 너무 걱정하지 말아야 합니다.

그리고 다음 번에 그것을 했을 때, 우리는 조금 더 편안해졌습니다.

그리고 그 다음에는 조금 더, 그리고 한 열 번째 되었을 때는 “이봐, 이거 쉬운데. 내가 왜 그렇게 걱정을 했었지?” 라고 느낍니다.

그러므로 내 이야기의 마지막은 우리 중 누구도 두려움이 우리를 지배하게 해서는 안 된다는 것입니다. 우리의 두려움이 그 문제를 해결할 수 없을 것이라고 속삭이게 내버려 두면, 우리 스스로 “왜 노력해 보지 않아?” 라고 말하기 어려워집니다. 그리고 왜 노력하지 않는지를 묻는 질문에 노력하지 않는 것으로 반응한다면, 우리는 희망이 없다고 말하는 것 아니겠습니까?

절망감에서의 탈출

이제 어려운 부분으로 들어갑시다. 어떻게 절망감에서 벗어나는가 하는 것입니다.

내 어머니는 굉장한 치료자였고 지금도 그러하십니다. 어머니는 어떻게 살아야 하는지에 대한 이론을 가지고 계셨는데, 그것은 어머니가 어린 시절을 보낸 오하이오의 농장에서 터득한 것일 가능성이 많습니다. 그것은 그날 무슨 일을 해야 하든 간에, 늘 아침밥을 먹기 전에 뭔가 한 가지는 해 놓으라는 것입니다. 이런 식으로 해서, 상황이 얼마나 안 좋게 돌아가든 간에, 당신은 언제나 가치 있는 어떤 일을 했다는 것과 그날을 완전히 망친 것은 아니라는 생각을 할 수가 있습니다.

우울증과 절망감의 치료에 관해 내가 읽은 모든 자료를 고려해 보았을 때, 이 조언은 박식한 전문가들이 이 주제에 대해 말했던 치유의 시작과 아주 유사합니다. 어머니의 '아침밥 먹기 전' 기법은 두 가지 중요한 요소를 담고 있습니다.

하나는, 당신이 작은 목표를 세워서 그것을 성취한다는 것입니다. 그것은 세차를 하거나, 떨어진 단추를 꿰매거나, 친구에게 편지를 쓰거나, 이 책을 좀 읽는 것일 수 있습니다—당신이나 다른 누군가를 위해 필요한 일이면 어떤 것이든 좋습니다. 어려운 것이나 기념비적인 일일 필요는 없습니다. 유일하게 필요한 것은 그저 하는 것입니다. 그것을 다 하는 것입니다! 끝마치는 것입니다! 완성하는 것입니다!

두 번째는 하루를 마무리하면서 (또는 거친 용들이 당신을 먹어 치우려는 느낌을 받는 때라면 언제나) 작지만 성취해 놓은 것을 보고, 자신에게 "오늘 적어도 한 가지는 했다! 아, 배고프다!"라고 말하는 것입니다.

절망감에 대한 이 작은 일은 그렇게 작은 것이 아닙니다. 뭔가 작고 성취할 만한 일을 하고 그것을 끝마친다는 것(그리고 우리 자신의 등을 조금 두드려 주는 것)은 우리에게 소중한 어떤 것을 주기 때문입니다. 그 어떤 것이 바로 통제할 수 있다는 느낌이며 성취감입니다. 이런 감정들이 우리에게 얼마나 중요한 것인지는 아무리 강조해도 부족합니다. 특히, 당신이 절망감을 느끼고 있다면 말이죠. 뭔가 해놓는다는 것은 그것이 비록 작은 일일지라도 반드시 우리 삶에 힘으로 되돌아옵니다.

우리 중 누군가가 한 어떤 일이, 세상의 큰 구조에 어떤 영향력을 미칠 것이라고 느끼는 것은 매우 어려운 일입니다. 당신이 신문에서 환경오염이나 핵, 전쟁, 여성문제, 채무 위기 등과 관련해서 무슨 일이 발생했고 또 발생할 것인지에 대해서 읽거나, 어제 안전하다고 생각해서 먹었던 것이 내일 암을 유발할 것이라는 것을 알게 되면, 무력감에 빠지기 쉽습니다. 또한 당신의 개인적인 삶에서 뭔가 잘못되기 시작하면 절망감에 빠지기 쉽습니다.

그러나 나는 여기서 전 인류가 대립 상태에 놓일 것인지 아닌지에 대해서라거나 우리가 삶의 방식을 당장 바꾸지 않으면 지구가 살기에 부적합한 곳이 될 것이라고 염려하는 것이 아닙니다. 이 상황에서 비록 매일 작은 일이라도 우리가 하려고 한다면, 결국에는 인류가 지향해야 하는 바에 대해 아주 작은 통제력이나마 행사할 수 있는 일들이 있다는 것입니다. 내가 지금 관심을 가지는 것은 바로 당신과 내가 통제할 수 있는 것입니다. 우리가 먹는 것, 우리가 하는 일, 우리 자신이나 다른 사람들을 보살피는 방법, 좀 더 재미있고 도전적인 삶을 살기 위해서 우리가 할 수 있는 것, 우리가 어떤 선택을 하든 사람으로서 우리의 진짜 잠재력에 접근하는 것 등이 나의 관심사입니다. 세상은 패자보다는 — 타고난 실패자건 아니건 — 더 많은 승자를 필요로 합니다.

그렇다면 당신이 절망감에 대해 뭔가 하기로 결심한다고 했을 때, 무엇부터 하는 게 좋을까요? 당신이 치료자를 만나 도움을 청하지 않을 예정이고, 노력을 해 보는 것이 불가능하게 느껴질 정도로 우울한 것이 아니라면, 다음에 제시하는 것을 해 볼 수 있을 것입니다.

1. 내일 할 작은 목표를 하나 정하십시오. 어떤 것이든 괜찮습니다. 화장실을 청소하는 것이나, 서랍장을 정리하는 것, 또는 누군가에게 편지를 쓰는 것도 괜찮습니다. 세차를 하거나, 머리를 손질하거나, 어떻게 지내는지 궁금했던 친구에게 전화를 해 보십시오. 간단히 말해, 당신이 할 수 있다는 것이 확실한 목표를 세우라는 것입니다. 이것은 예전에 당신이 별 어려움 없이 수백 번이나 했던 일일 것입니다.
2. 그리고 내일이 되면, 하십시오! 망설이지 마십시오. 대충 넘어가지 마십시오. 스스로에게 안 해도 된다고 말하지 마십시오. 그냥 하십시오. 그리고 K.I.S.S. 방법—이것은 '단순하게 생각해(Keep It Simple, Stupid)' 라는 뜻입니다—을 사용해 보십시오. 당신은 냉전을 종식시키거나, 세계의 기아문제를 해결하거나, 새 직장이나 연인을 찾을 필요가 있는 게 아니라 자동차를 세차하면 됩니다.
3. 당신이 목표로 세워 놓은 것을 하고 나서는 스스로에게 보상을 주십시오. 내일이 아니라, 다음 주가 아니라 지금 당장 말입니다. 어쩌면 당신은 자신에게 보상을 주는 연습이 안 되어 있을 수 있습니다. 그러나 이것이 바로 당신에게 필요한 것입니다. 다른 사람이 당신이 잘 한 일에 대해 보상을 해 주면 좋겠지만, 당신이 알아차리지 못했을지 몰라도, 요즘 많은 우리의 친구들

과 가족은 자신이 할 대사를 잊어버린 것 같습니다. 그러므로 우선 당장은 당신이 자신을 위해 이 작은 일을 할 필요가 있을 것입니다. 조금도 힘들지 않습니다. 처음에는 좀 이상하게 느껴질지 모르겠지만 이것은 힘든 일이 아닙니다.

4. 이제 다음 날, 그 다음 날, 그 다음 날을 위한 작은 목표를 더 많이 세워 보기 바랍니다. 그리고 더 많이, 조금 더 많이 말입니다. 그러고 나면 조만간 온 집이 깨끗하고, 신문은 정리되어 있고, 자동차는 반짝반짝하고, 소설 한 권을 끝까지 다 읽었으며, 평소 전화하기 싫었던 고모한테까지 전화를 했다는 것을 알게 될 것입니다.
5. 매일매일 잠들기 전에, 그리고 상황이 얼마나 엉망이든 또는 당신이 얼마나 비참한 느낌이든 간에, 적어도 그날 성취하고자 목표를 세웠던 한 가지 일은 이루었다는 것을 기억하십시오. 스스로에게 다른 게 다 엉망이어도 적어도 이것은 했다고 말하십시오. 그것은 사실일 것이고 기분을 나아지게 할 것입니다.

이제 당신이 내 말을 알아들었다면, 이제 무슨 일을 할까 하고 생각할 것입니다. 내가 당신에게 바라는 일이 바로 무력감에 대한 치료제며 절망감에 대한 항생제입니다. 왜냐하면 당신이 이런 작고 하찮게 보이는 단계들을 밟아 나가는 것부터 시작해서 당신이 통제할 수 있는 인생의 일부분에 대한 통제권을 가지게 되면, 당신은 자신의 인생에 어떤 영향력을 미칠 수 있다는 느낌을 갖기 시작할 것입니다. 그리고 이런 작은 과제들을 해냈을 때, 당신이 한 것은 실제입니다. 누구도 당신에게서 그 느낌을 빼앗을 수 없습니다.

더 중요한 것은, 당신이 개인적인 통달감(the sense of personal mastery)이 돌아오는 느낌을 받기 시작할 것이라는 점입니다. 개인적 통달감은 자신의 운명에 대한 책임을 자기가 맡고 있다는 느낌이며, 이것은 음식이나 물이나 공기나 사랑처럼 당신의 건강에 가장 핵심적인 부분입니다.

그러고 나면 어떤 또 다른 일이 일어나기 시작합니다. 일단 인생의 작은 문제들을 돌보다보면, 커다란 문제가 줄어들기 시작할 것입니다. 그것은 문제가 스스로 작아진 것이 아니라 당신이 며칠 전이나 몇 주 전과 같이 무기력하고 절망적인 사람이 아니기 때문입니다. 그리고 당신이 그 작은 문제들을 계속해서 때려눕힌다면, 내 생각에는 큰 녀석도 쓰러뜨릴 수 있을 것입니다.

이런 일이 일어나는 이유는 간단합니다. 그리고 어떻게 이런 일이 생기는가 하는 것은 새로운 것이거나 미지의 심리학적 현상이 아닙니다. 수년간 이런 과정에 대한 글이나 강연이 많이 있었습니다. 그러나 자기확신이나 자기존중감을 기르는 방법에 대한 글이나 강연은 행동을 해야 할 필요가 있는데 하지 않는 사람들에게는 아무 소용이 없습니다. 그러므로 여기에 도전할 것이 있습니다.

여기서 나의 제안을 물리치기 전에 당신이 이 글을 읽는 동안에 다음과 같은 이야기를 했을 것이라고 가정할 것입니다. "아, 너무 쉽게 말하네. 그렇지 않아?", "나에 대해서 안다면 이런 멍청한 짓을 하라고 하지는 않을 거야." 또는 "누군가에겐 괜찮은 조언이 되겠지만 나한테는 아니야."

왜냐하면 나는 당신을 알기 때문입니다. 나는 절망적인 사람들이 어떤 방식으로 생각하도록 길들여져 있는지 알고 있습니다. 나는 이들이 최근에 경험한 일들 때문에 어떤 부정적인 사고—이런 사고 양식은 거의 치명적이라고 할 수 있습니다—를 하게 되었는지 알고 있습니다. 그리고 나는 당신이 지금부터 적어도 몇 분 이내에 내가 여기서 제안한 것을 노력할 가치가 없는 것이라고 스스로에게 확신시키려고 할 것이라는 점을 알고 있습니다. 왜냐하면 진짜로 나는 당신이 얼마나 절망적인지 알 수가 없기 때문입니다.

이것이 바로 당신이 할 것이라고 예상하는 바입니다. 괜찮습니다. 최선을 다해서 한번 해 보십시오.

그러나 만일 당신이 스스로에게 한 가지 작은 목표를 세우고, 그것을 이루기가 불가능하다고 확신하려는 노력을 다 했다면, 한 가지만 더 고려해 봅시다. 당신은 이 장을 거의 다 읽었습니다! 당신이 스스로 뭐라고 하든 이 작은 과제를 마친 것입니다. 이것이 목표를 한 가지 이룬 것 아닙니까? 이것이 당신이 세운 목표를 달성한 것 아닙니까? 이제 당신이 이것을 해냈으니 삶에 대한 통제력을 가지기 시작하고, 어떤 개인적 힘을 보유하기 시작하는 것 아닙니까?

당신의 대답은 그렇다는 것이어야 합니다.

나는 당신을 기만하거나 잔재주를 부리려는 것이 아니며, 어쨌건 이 장을 다 읽으면 당신이 무력감의 구덩이에서 빠져나올 것이라고 암시하려는 것도 아닙니다. 그러나—아무리 작게 보이더라도—이것을 많이 해 나가면, 그것은 이제 성취한 것이 되고 긍정적인 것이 됩니다. 그리고 당신이 이것이 긍정적인 것이라는 점에 동의한다면, 당신의 마음속 어딘가에 어떤 희망의 씨앗이 남아 있을 것이라는 점에 동의하길 바랍니다. 그렇지 않다면 당신이 왜 이 책을 계속 읽고 있겠습니까?

내가 지금까지 만났던, 가장 심하게 절망적인 많은 사람도 나와의 상담 약속을 힘들지만 지켜 나간다는 사실이 어쩌면 도움이 될지도 모르겠습니다. 그 단순한 행동—그들의 눈과 입이 무슨 이야기를 하든—은 그들이 더 나은 내일에 대한 희망을 품고 있다는 증거입니다.

그래서 나는 그와 같은 일이 이 책을 읽고 있는 당신에게도 일어났으면 합니다. 자신에 대해 좀 미심쩍은 부분이 있어도 좋게 생각하고 뭔가 긍정적인 일을 한다고 했을 때—그것이 작은 일이든, 하찮은 것이든, 오래되고 익숙한 일상적인 일이든—중요한 것은 당신이 그것을 한다는 것입니다. 당신이 행동을 할 때, 당신 자신을 위해서 행동하기 시작할 때, 당신은 더 강해진 것을 느끼고, 생각하고, 행동하기 시작할 것입니다. 그것은 절망감의 구렁텅이에서 빠져나오는 첫 걸음입니다.

12

약물, 술 그리고 치명적 실수

만일 현재 당신이 약물(역자 주: 흥분제, 진정제, 환각제, 아편계 약물 등을 일컬음)이나 술을 남용하고 있지 않거나 그랬던 적이 한번도 없었다면, 또는 그럴 생각이 전혀 없다면, 이 장은 그냥 넘어 가도 됩니다. 하지만 당신이 약물이나 술 또는 처방약물(특히, 수면제나 항우울제나 안정제)을 남용하고 있다면, 계속 읽어 주십시오.

이 장이 당신에게 중요한 이유는, 만일 당신이 앞에서 말한 것 중 하나라도 남용하고 있는 상태에서 (특히, 당신이 술과 약물을 함께 음용하고 있으면서) 자살 사고를 하고 있다면, 당신은 신발 끈이 풀린 채로 아주 가파른 암벽 위를 걷고 있는 것입니다.

우선 당신에게 요청하고 싶은 것이 있습니다. 만일 당신이 만취 상태이거나 술이나 마약으로 인해 정신이 흐려진 상태라면, 지금 이

장을 읽지 마십시오. 내 사무실에서 지키는 규칙이 있는데, 그것은 온전한 정신으로 약속에 나타나는 사람하고만 상담 작업을 한다는 것입니다. 약물이나 술에 취해서 이 일을 복잡하게 만들지 않아도, 우리 자신을 이해하는 일이나 이 세상에서 어려움을 헤쳐 나가는 새로운 방법을 배우는 것은 충분히 어렵습니다. 나는 당신에게 온 정성을 다해 주의를 집중하고 있습니다. 그리고 당신도 모든 주의를 나에게 기울여 주기를 바랍니다.

그러므로 당신이 지금 약물이나 술 때문에 정신이 흐릿한 상태라면 지금은 이 책을 내려놓으십시오. 그리고 다음에 머리가 맑을 때에 읽으십시오. (만일 당신이 약물을 처방받아서 복용하고 있다면 괜찮습니다. 처방받은 약에 대해서는 조금 뒤에 이야기할 것입니다.)

좋습니다. 이제 우리가 맑은 정신으로 만났습니다. 당신은 이미 약물이나 술이 강력하고 굉장하다는 것을 알고 있습니다. 그렇지 않았다면 우리가 그것들을 남용하지 않겠지요. 술이나 약물은 우리의 기분에 다른 그 어떤 것도 할 수 없는 일을 합니다. 우리는 그것을 먹거나 피우거나 마시거나 코로 들이키거나 혈관에 주입하는데, 그 효과는 기적과 같습니다. 몇 분 또는 몇 초 안에 그 효과를 느낄 수 있습니다. 원하는 정도의 충분한 용량을 사용하면 우리는 신이 된 것 같은 느낌을 받을 수 있습니다. 희망이 솟구치고, 웃음이 나며, 어두운 마음을 멀리 쫓아내 버릴 수 있고, 사람들과 함께 어울릴 수 있으며, 우리를 다시 상처받게 할 만한 것은 아무것도 없는 것처럼 느낍니다. 원하는 정도의 충분한 용량을 사용하면 "그동안 왜 그렇게 기분이 나빠야 했나?" 라고 자문할 정도로 기분이 좋아질 수 있습니다.

이제 당신이 무슨 생각을 할지 짐작할 수 있습니다. 당신은, '음, 또 그 진부한 약물은 나쁘다, 약물은 위험하다, 술은 사람을 죽게 만든다 같은 강의를 시작하려는군.' 이라고 생각할 것입니다. 당신은 내가 연단 위에 올라가서 약물남용의 악마성에 대해서, 그리고 만일 당신이 이 위험스런 물질의 실체를 깨닫는다면, 물질남용을 즉시 멈출 것이라는 등의 설교를 할 것이라고 생각할 것입니다.

그러나 당신을 실망시켜야겠습니다. 나는 책을 통해 그렇게 당신에게 약물과 알코올 남용에서 벗어나라고 할 수 있다고는 생각하지 않습니다. 내가 그렇게 할 수 있다고 생각했다면, 그렇게 했을 것입니다. 그러나 그보다는 더 현명하기를 바랍니다.

나는 물질남용 분야에서 지금껏 20년 이상 일해 왔습니다. 물질을 통해 위안을 얻고자 하는 사람들을 위한 약효 빠른 치료제가 있다면, 진작에 그걸 개발해서 특허권 신청을 했을 것입니다. 오래 전에, 이미 나는 약물, 술 그리고 성(sex)에 비해 심리치료가 제공하는 것이 너무나 수수하다는 것을 깨달았습니다.

이것이 곧 물질남용을 위한 치료가 효과적이지 않다는 말은 아닙니다. 효과가 있습니다. 다만, 이 순간에 내가 염려하는 것은, 당신이 두 가지 위험한 것들(자살 사고와 술 또는 약물의 혼합)을 당신의 몸 속으로 들어오게 하는 동안, 당신에게 어떤 일이 발생할 것인가 하는 것입니다.

그러므로 약물, 술 그리고 치명적 실수에 대해 당신과 이야기를 나누고 싶습니다. 당신이 자살 사고를 하고 있다고 가정하고, 더 나아가 술을 마시거나 어떤 약물을 하고 있다고 가정했을 때, 당신은 그 중 하나가 없었다면 다른 하나를 하지 않았을 가능성이 아주 큽니다. 당신은 약물에 취한 동안, 목숨을 끊는 것에 대해 더 조금이 아니라 더 많이 생각할 수 있습니다. 또는 약물에 취해 고양되었던 시기가 지나면서, 당신은 목을 매는 경우와 물에 빠지는 경우를 비교하며, 자살 생각에 더 마음이 끌릴지도 모릅니다.

내가 한 이런 짐작들은 내담자들이 나에게 해 준 이야기에 바탕을 두고 있습니다.

"취기가 오르기 시작하면,"

찰스가 말했습니다.

"처음에는 진짜 기분이 좋아져요. 떠 있는 듯한 느낌이었죠. 내 인생의 모든 문제가 멀리 있는 작은 것처럼 느껴졌어요. 그러다 서서히 시간이 흐르고 술기운이 떨어지면 나는 찌부러지기 시작하는 거죠. 그러고 나면 자살 생각을 다시 하기 시작해요."

조지는 병실 침대에 걸터앉아 있었고, 나는 그와 자살 시도에 대해 이야기를 나누고 있었습니다. 그는 술에 취해, 기뻤다가 슬펐다가 그리고 화—주로 또 다시 술을 마시는 자기 자신에 대해—가 났습니다.

"칼을 집어 들기 전에 마음이 어땠나요?"

내가 물었습니다.

"내가 생각하기를…… 음…… 내 짐작으로는, '아무려면 어때, 상황은 결코 좋아지지 않을 텐데. 난 맨 정신으로 깨어 있을 수 조차 없잖아…….' 라고 생각했던 것 같아요."

"마지막으로 당신이 했던 말을 기억하십니까?"

내가 물었습니다.

조지는 잠시 생각하더니 "아마, '아무려면 어때?' 였던 것 같아요." 라고 말했습니다.

'아무려면 어떤가', '무슨 소용이 있나', '나아질 것은 아무것도 없는데 노력을 해 봐야 뭐하나' 등은 사람들이 취했거나 술에서 깰 때 하는 부정적인 사고의 예입니다. 이것들은 종종 자살 시도를 하기 전에 머릿속에 떠오르는 생각들입니다.

"당신이 칼을 집어 들었을 때 술에 취해 있었나요?"

"그랬지요."

조지가 말했습니다.

"당신이 맨 정신으로 말짱하게 깨어 있었다면, 면도칼로 손목을 그었을까요?"

그는 몸서리를 쳤습니다.

"젠장, 아니요! 너무 크게 다치잖아요!"

조지와 같은 사람들을 많이 알고 있었기 때문에 나는 그가 맨 정신일 때도 과연 그때만큼 그렇게 자살을 하고 싶었을지 의문이라고 말했습니다. 그는 나의 생각에 동의했습니다. 그는 자살을 시도하려면, 그 전에 술에 취해 기분 좋은 상태여야 했다는 데 동의했습니다.

그는 말했습니다.

"누구라도 취하지 않는다면 자살을 할 수 없을 겁니다. 그건 너무 고통스러운 일이에요."

자살에 대해 너무 많이 생각하고, 알약이나 칼이나 총을 만지작거리며 죽을 계획을 세우는 문제는 단지 취하지 않은 상태에 머무르는 것만으로도 많이 해결될 것입니다. 내 말이 너무 쉽게 하는 말처럼 들릴 수 있다는 것을 알고 있지만, 나는 오직 취한 상태에서만 자살에 대해 생각했었다는 사람들을 수십 명이나 만나 보았습니다. 마치 술이나 다른 약물에 취해 있는 상태가 아니라면 자기파괴적 사고가 머릿속으로 들어오지 않는 것 같았습니다.

조지와 같은 사람들이 나에게 해 준 이야기를 통해 나는 사람들이 취기가 올랐을 때 무슨 생각을 하는지에 대해 배웠습니다. 처음에 약물을 하려고 할 때, 기분이 좋았다면 대개 기분은 좀 더 나아집니다. 처음에 약물을 시작할 때, 기분이 안 좋았다면 대개 기분은 더 나빠집니다. 그리고 술이나 약물을 많이 사용하면, 어떤 기분으로 끝나게 될지(자살하고 싶은 마음이 드는 것까지 포함해서) 예측하기 어렵습니다.

우리가 마약으로 제정신을 잃었을 때, 우리에게 두 가지 일이 일어납니다. 하나는, 우리의 생각과 행동에 대한 통제력을 상실하기 시작한다는 것이고, 다른 하나는 얼마 전까지만 해도 겁이 나던 일들이 별것 아닌 것처럼 느껴진다는 것입니다. 술은 용매(溶媒)입니다. 그리고 그것이 녹일 수 있는 것 중 하나가 두려움입니다. 비록 이 화학적 용기는 술이 혈류 속에 남아 있는 동안만 지속되는 것이지만 효과는 꽤 좋습니다. 춤을 추러 가기 전에 서너 병의 맥주를 마시는 습관이 있는 한 소심한 젊은이가 내게 말했습니다.

"왜 제가 이런 짓들을 한다고 생각하세요?"

우리가 맨 정신으로 두려움에 직면할 수 있다면, 아마 술이나 약물이 전혀 필요하지 않았을 것입니다. 그러나 두려움은 두려운 것이고 이런 화학약품들은 효과적이기 때문에 당신은 당신을 고통스럽고 두렵게 하는 것들에 대처하기 위해 술을 마시거나 약물을 하는 위험한 습관을 키워 나갔을 것입니다. 그러나 우리가 자신의 죽음(세상에서 가장 겁나는 상정)에 대해 생각할 때, 약물이나 술을 좀 했다고 해도 별문제 없을 거라고 생각해서는 안 됩니다. 왜냐하면 효과가 있기 때문입니다. 약물이나 술에 대해서 확실한 것 중 하나는 바로 그것들이 언제나 효과가 있다는 것입니다.

하지만 그것 때문에 위험한 것이 아닙니다. 당신이 기분 전환을 위해 술이나 약물을 사용하고, 그 전환된 기분이 당신으로 하여금 자살 생각을 더 하게 만든다면, 약물에 취하지 않았으면 두려워했을 어떤 것을 할 가능성이 높아집니다—자살 시도 말입니다.

이와 관련된 연구 결과는 매우 분명합니다. 약물을 하거나 술을 마시는 사람들은 그렇지 않은 사람들보다 자살 위험성이 더 높습니다. 약물과 술의 사용이 자살을 유도하는지, 아니면 단지 자살하려는 사람들이 그 계획을 실행에 옮기도록 도와주는지는 지금 나에게 중요하지 않습니다. 그것은 과학자들이 분류할 것입니다. 나에게 중요한 것은 당신이 술이나 약물의 영향권 안으로 들어가고 자살에 대해서 생각하기 시작하면, 당신의 생존에 관한 위험한 도박에서 큰 낭패를 볼 가능성이 매우 증가된다는 사실을 당신과 내가 이해하는 일입니다.

여기에 생각해 볼 것이 또 하나 있습니다.

취하지 않은 맨 정신으로 당신은 약물에 절어 있는 사람이 치명적인 용량의 헤로인을 복용하려는 것을 돕겠습니까? 온전한 정신으로 당신은 몹시 우울하고 술에 취한 여자에게 자살을 하라고 면도칼을 건네줄 수 있겠습니까? 맑은 정신으로 당신은 화가 나고 마음에 깊은 상처를 입어 만취한 사람이 집까지 차를 운전해 가도록 내버려 두시겠습니까? 물론 아닐 것입니다. 당신은 이렇게 말할지도 모릅니다.

"이봐, 정신 차려! 그런 미친 짓 하지 말라고! 후회하게 될 짓은 하지 말란 말이야."

간단히 말해, 당신도 취한 상태가 아니라면, 만취한 친구나 자살을 할 것이라고 말하는 사람이 그렇게 하지 못하도록 당신이 할 수 있는 한 막아 보려고 할 것입니다. 왜 그럴까요? 왜냐하면 사람들이 술에서 깨었을 때나 약 기운이 떨어졌을 때에는 자살을 하길 원하지 않을 수도 있다는 것을 당신이 알기 때문입니다.

술에 만취한 사람이 벽돌 한 짐을 수레에 가득 실을 수 없다는 것은 누구나 압니다. 그는 한 짐에서 벽돌 두 개가 빠져도 모를 뿐만 아니라 수레를 어디에 두었는지도 모릅니다. 만일 어디에 수레를 세워 놓았는지도 모른다면, 어떻게 죽느냐 사느냐 하는 중대한 문제를 결정할 수 있겠습니까?

그러므로 당신이 만취한 어떤 사람이 자살하려는 것을 내버려 두지 않을 것이라면, 똑같은 상황에서 당신은 왜 자살을 하려고 어슬렁거리고 있습니까? 당신은 왜 맑은 정신으로 다시 한 번 생각해 볼 수 있는 기회를 자신에게 주려고 하지 않습니까?

치명적 실수

이 장에서 당신에게 이야기하고자 하는 또 한 가지는 치명적 실수에 관한 것입니다. 맑은 정신으로도 우리 모두는 실수를 합니다. 치명적인 것도 포함해서 말입니다. 딴 데 정신 팔려 있다가 앞에 우유트럭이 오고 있는 것을 못 보고 좌회전을 할 수 있습니다. 잘못해서 얕은 쪽으로 다이빙을 해서 수영장 콘크리트 바닥에 머리를 부딪치는 경우도 있습니다. 나무 위에서 못 내려오는 어린 고양이를 구하려고 나무에 올라갔다가 떨어져서 거의 죽을 뻔하는 일도 있습니다—그 뒤로 아마 고양이를 별로 좋아하지 않게 되겠죠.

하지만 이런 경우는 우리가 취한 상태가 아니기 때문에 우리가 통제할 수 있는 부분이 조금은 있는 치명적인 실수입니다. 우리가 자살에 대해서 계속 생각해 왔다 하더라도 이런 바보 같은 실수로 죽으려고 하지는 않을 것 같습니다. 절대 아닐 것입니다.

그러나 이제 일상생활의 위험함에 술이나 약물 그리고 자살 사고를 더해 봅시다. 뭔가에 취한 채로 고양이를 따라 나무로 올라가 봅시다. 몽롱한 상태에서 가느다란 가지 위로 기어 올라가 봅시다. 치명적인 실수를 해서 인생을 끝마칠 위험성이 증가되지 않겠습니까?

또는 술을 잔뜩 마시고 운전대를 잡는 것은 어떻습니까? 당신이 자살할 생각을 계속 하던 상태에서 술이나 다른 약물을 하고, 한 시간에 수백 마일을 갈 수 있는 대형 트럭에 올라탄다면, 치명적 실수를 잔뜩 실은 위험한 상황을 만들어 놓는 것이라는 점은 너무나 자명합니다. 그것은 그 누구도 원하지 않는 일입니다.

그런데 약물과 알코올의 단순한 혼합에서 나오는 치명적인 실수가 있습니다. 다른 약물과 결합되었을 때 알코올은 극도로 위험할 수 있습니다. 상호—내성이나 약물—잠재 효과에 대한 복잡한 설명을 하지는 않겠지만, 당신이 알아야 할 것은 술과 약물을 함께 복용했을 때 당신의 몸에 새로운 유형의 화학작용이 일어날 수 있다는 것입니다. 이 새로운 버전의 화학작용은 당신을 죽일 수도 있습니다. 그것이 당신이 의도했던 바가 아니었더라도 말입니다.

새로운 화학작용은 이런 것입니다. 1온스(역자 주: 약 30ml)의 알코올이 약물의 한 번 복용량에 첨가되면, 각각의 효과를 더한 정도가 아니라 그보다 훨씬 더 심한 효과를 나타낸다는 것입니다. 4배나 5배, 심지어 6배의 효과가 나기도 합니다. 다른 말로 하면, 알코올이 약물의 효과를 강력하게 증대시킬 수 있고, 약물도 알코올의 효과에 대해 그런 영향을 미칠 수 있다는 것입니다. 이것은 처방받은 약물, 특히 수면제의 경우도 마찬가지입니다.

1974년 어느 저녁, 스무 살 된 여인이 술을 몇 잔 마신 뒤에 수면제를 먹었습니다. 그녀의 몸에서는 새로운 화학작용이 일어나 그녀는 혼수상태에 빠졌으며, 그 혼수상태는 십 년 이상 지속되었습니다. 그녀 이름은 카렌 앤 퀸렌(Karen Ann Quinlan)이었습니다.

이러한 약물과 술의 혼합으로 매년 수백 명의 사람들이 죽습니다. 그리고 그 새로운 화학작용으로 인해 죽은 이들이 그렇게 되길 진심으로 원했는지는 늘 불분명하게 남아 있습니다. 이들 중에는 메릴린 먼로나 엘비스 프레슬리 같이 당신이 알 만한 이름들도 있습니다. 이런 유명한 사람들 외에 수많은 사람이 신문의 부고란에 실렸다가 잊혀졌습니다.

당신이 약물과 술을 함께 마시거나 또는 안정제나 진정제를 복용하기 시작했을 때 일어날 수 있는 일 중 하나는 약효가 나타나기 시작하면 당신이 약물을 얼마나 많이 복용했는지 세는 것을 잊어버릴 수 있다는 것입니다. 약물의 영향권하에 있을 때에는 단기기억이 손상을 받을 수 있기 때문에 얼마나 많이 복용했는지를 기억하지 못할 수 있습니다. 나는 당신에 대해서 잘 모르지만 내 경우는 의사가 나에게 약을 처방해 주었을 때 그 약을 하루에 세 번 먹는 것으로 되어 있었습니다. 그러나 나는 약을 먹었는지 아닌지 기억하기 어려웠습니다. 만일 내가 두 가지 이상의 약을 복용하고 있다면, 그것을 기록하든지 아니면 다른 추가적인 노력을 기울여서 정확하게 지시대로 약을 먹을 수 있게 해야 할 것입니다. 만일 내가 이런 약을 복용하는 동안에 술을 잔뜩 마신다면 원래보다 훨씬 더 안 좋아질 수 있습니다.

하지만 내가 가장 강조하고 싶은 바는, 당신이 자살 결정을 고려하고 있다면, 적어도 맑은 정신으로 생각하라는 것입니다. 진창 속으로 미끄러져 들어가, 술이나 약물에 손을 대고, 자살이 가장 간단한 해결책인 것처럼 보인다는 생각 속을 헤매고 다니도록 내버려 두지 말라는 것입니다. 당신은 판단력을 어딘가에 놔두고 두려움만이 활개를 치고 다니게 하기 때문에 사리분별을 할 수 없어서 '뜻하지 않게' 약물 과다복용이 되어 죽는 것으로 인생을 마감할 수 있습니다—실수로 말입니다.

나는 당신이 약물이나 술과 관련하여 어떤 문제에 당면해 있는지 알고 있습니다. 또한 그것이 당신의 힘든 기분에 대해 얼마나 환상적인 해결책일지 알고 있습니다. 다른 그 어떤 해결책보다 더 효과가 빠르고, 분노든 우울함이나 상처 입은 마음이든 고통스러운 모든 것을 녹여 버린다는 것을 알고 있습니다. 그리고 일단 중독이 되면, 거기서 빠져나오는 일은 그저 아침에 일어나서 아침밥 먹기 전에 해 놓을 수 있는 일이 아니라는 것을 잘 알고 있습니다.

하지만 나는 또한 당신이 약물에서 벗어날 수 있다는 것을 압니다. 시간이 좀 걸리고, 약간의 도움이 필요하며, 용기와 힘이 좀 필요하겠지만 당신은 할 수 있습니다.

그동안 당신이 자살에 대해 생각을 해 왔기 때문에 우울감, 절망감, 분노, 실망 그리고 당신을 힘들게 하는 어떤 것에 약물이나 술을 섞으려고 할 때, 이것이야말로 당신이 상상할 수 있는 가장 위험한 도박을 하는 것이라는 점을 기억하십시오. 당신은 자신이 정말 죽기를 원하는지에 대해 완전히 확신하지 못할 수 있습니다. 이 혼합물을 몸 안에 들이붓는다는 것은, 자신의 인생을 마치 손끝으로 동전을 튕기듯 하찮게 취급하는 것입니다. 앞면이 나오면 이기고…… 뒷면이 나오면 지는 도박 말입니다.

당신은 이런 위험한 도박을 하길 원하는 것입니까?

당신이 내 사무실에 나와 함께 있다면, 또 하나의 규칙에 대해 이야기할 것입니다. 자살을 하려는 사람이 술이나 약물을 하는 동안에는 그와 상담 작업을 하지 않는다는 것입니다. 이것은 위험성이 너무 크고, 내가 참가하고자 하는 게임이 아닙니다. 그러므로 당신이 약물이나 술을 스스로 또는 단주모임이나 다른 자조집단의 도움을 받아서(내 말은 지금 당장) 끊을 수 없다면, 나는 당신이 도움을 받을 수 있도록 입원환자를 위한 프로그램에 의뢰할 것입니다.

야박한 이야기로 들리겠지만 내가 심리학자로서 배운 것이 있다면, 우리가 함께 효율적으로 작업하기 위해서는 당신과 나 모두의 머리가 온전히 필요하다는 것입니다. 더 중요한 것은 당신은 한 사람으로서 가치 있는 존재이기 때문에 당신이 어떤 실수나 계산 착오로 죽지 않길 바랍니다. 인생은 당신 것이건 내 것이건, 동전 던지기를 해서 내팽개치기에는 너무나 소중한 것입니다.

13

당신이 사라져 버려도, 그들은 당신을 사랑하지 않을 것입니다

당신이 지금 부모님과 함께 살고 있지 않다면 어쩌면 이 장을 읽을 필요가 없을지도 모릅니다. 여기서 내가 주로 이야기를 나누고자 하는 사람들은 아직 부모와 함께 살고 있는 젊은이들입니다. 내가 이들과 이야기하고 싶은 이유는, 이들이 자신만의 세상으로 떨어져 나온 우리보다 많은 면에서 좀 더 매여 있고, 좀 더 구속받고 있으며, 좀 더 무기력함을 느낄 것이기 때문입니다.

이 장을 읽은 부모가 나에게 화를 낼 위험을 감수하고라도, 나는 해야 할 이야기를 하려고 합니다. 그리고 그 결과는 감수하겠습니다. 이 책을 쓰는 이유는 자신의 목숨을 끊으려고 생각하는 사람들을 위한 것이지, 그 외의 다른 사람들을 위한 것이 아닙니다. 그렇기 때문에 계속 이야기하겠습니다.

이미 말했던 것처럼 당신이 어떤 어려움에 처해 있는지 나는 알 수 없습니다. 당신이 어떤 부모님을 모시고 있는지 나는 알 수 없습니다. 그러나 가족에 관해서 몇 가지 알고 있는 것이 있습니다. 그리고 어떤 가정에서 사람들이 자살을 생각하는지에 대해서도 몇 가지 알고 있습니다.

흔히 안전하고 사랑받으며 존중받는다고 느낄 수 있는 곳이 가정이라고 합니다. 세상이 우리를 등지거나 우리가 실패하고, 떼밀리고, 위협을 당했을 때, 위로와 이해를 구하기 위해 돌아가는 곳이 가정이라고 합니다. 폭풍우 속의 항구며, 더 이상 갈 곳이 없을 때 돌아가는 곳이 가정이라고 합니다. '글쎄요, 누구나 알고 있는 것처럼 반드시 그런 것 같지는 않습니다!'

목을 매달아 자살을 시도한 한 소년을 알고 있습니다. 그의 자살 시도는 밧줄이 끊어지면서 실패로 끝났습니다. 이 이야기를 듣고 그의 아버지는 말했습니다.

"제길, 그놈은 그런 것도 하나 제대로 못해!"

죽을 생각으로 수십 알의 아스피린을 삼킨 딸을 응급실에 데리고 온 한 어머니가 있었습니다.

"그애는 그럴 생각이 아니었어요."

어머니가 의사에게 말했습니다.

"그건 사고였어요. 그 애는 자기가 무슨 짓을 하는지 몰랐던 것뿐이에요. 그 애는 분명히 자길 해칠 마음이 없었어요. 걱정 마세요. 아이를 집에 데려가 다시는 이런 일을 못하게 지켜볼 겁니다. 우리가 이런 식으로 행동하도록 가르치지 않았다는 것을 하나님은 아세요! 내가 한 달 동안 그 애를 가르칠 겁니다!"

과연 이들이 아이들을 사랑하는 부모입니까? 과연 이들이 자살하려는 자녀들에게 어떻게 해 주어야 하는지를 알고 있다고 할 수 있을까요? 아마도 아닌 것 같습니다.

이 부모는 흥분한 나머지 겁에 질렸을 때나 하는 어떤 일을 합니다. 즉, 희생자를 비난하는 것입니다. 이런 일들은 언제나 일어납니다. 그리고 만일 당신이 자살 시도를 통해 갑자기 넉넉한 사랑을 주는 부모를 가지게 될 것이라고 생각한다면, 그것은 크게 잘못된 생각입니다. 당신은 부모의 주의를 끌게 될 것이고, 그들은 뭔가 잘못되었다고 생각하지만, 잘못된 사람은 자신들이 아니라 당신이라고 생각할지도 모릅니다.

부모는 완벽하지 않습니다

내가 보기에 어떤 어른들은 단순히 좋은 부모가 되는 방법을 모르는 것 같습니다. 어쩌면 그들의 부모에게 사랑받지 못한 탓에 좋은 부모가 되는 방법을 배울 기회를 가지지 못했을 수도 있습니다. 이들은 분명히 좋은 부모가 되는 방법을 훈련하는 강좌에 참가해 본 적이 없을 것입니다. 대부분의 부모가 자신들이 하는 일에 있어서 잘 하려고 노력하지만, 아이들을 어떻게 키워야 하는지에 대해 누구나 A학점을 받는 것은 아닙니다. 그러므로 잠시 부모에 관하여 이야기해 봅시다.

첫째, 우리가 태어날 때에는 부모님이 우리의 인생에서 가장 중요한 사람들이었지만 계속 그 상태에 머무는 것은 아닙니다. 조만간, 우리는 그들을 점차 덜 필요로 하게 됩니다. 우리가 성장함에 따라, 우리에게는 친구들이 더 중요해지고, 어느 날 누군가와 사랑에 빠지게 되면 가족을 떠나 자신의 가족을 꾸리기 시작합니다. 우리의 가족은 인생의 출발점이지 종착지가 아닙니다. 그리고 때로는 그들이 우리 부모이긴 하지만 우리가 그들을 선택한 것은 아니라는 점을 기억하는 것이 도움이 됩니다.

미성숙한 부모

나이와 상관없이, 자녀들보다 더 나을 게 없는 아버지나 어머니를 많이 만나 보았습니다. 정서적으로 이들은 아직 십 대와 다름 없었습니다. 미성숙하고 자기중심적으로 행동했으며, 자녀들의 욕구보다 자신들의 욕구를 우선시하였습니다. 그리고 자녀들이 사랑과 이해를 필요로 할 때, 그것을 줄 수 없었거나 그 방법을 알지 못했습니다.

그러므로 적어도 당신이 생각해 보아야 할 한 가지는 당신의 부모님이 당신이 원하는 것을 주는 방법을 아는가 하는 점입니다. 당신에게 사랑과 이해가 필요하다는 것은 부모님들이 그것을 줄 수 있다거나 주는 방법을 안다는 것과는 별개의 일입니다.

우리를 가졌을 때 때로 우리의 부모님은 어린아이와 다를 바 없었습니다. 그들은 인생에서 성공하고자 하는 꿈과 계획과 희망을 가지고 있었고, 여러 가지 이유로 인해 그것을 이루지 못했을 수 있습니다. 그래서 좌절했습니다. 당신과 당신의 형제, 자매가 태어나기 시작하면서, 그들이 알아차리기도 전에, 가족과 청구서와 의무가 쌓이고, 그들의 꿈은, 얼마나 절실하게 그것이 실현되길 바랐던 간에, 사라지기 시작했습니다.

슬픈 일이지만, 어떤 부모는 자신의 불행에 대해 자녀들을 비난하기 시작합니다. 그들은 말합니다.

"너만 가지지 않았어도, 내가 (   )은/는 할 수 있었을 텐데."

당신은 이 빈 곳에 들어갈 말이 무엇인지 압니다. 솔직히 이것은 너무 무거운 부담입니다. 그리고 불공평한 것입니다. 내 생각에, 자신의 행복은 대부분 자신의 책임입니다. 우리가 우리의 꿈대로 살지 못하고 우리의 미래가 우리 뜻대로 되기 어렵게 되었다 해도, 자신 이외에 다른 누군가를 비난할 수는 없습니다. 우리 자신의 부족함 때문에 자녀들을 비난하는 것은 옳지 못하고 공평하지 못한 일입니다. 그러나 이 말이 부모가 그렇게 하지 않는다는 것을 뜻하는 것은 아니지요.

비록 당신의 부모님이 자신의 불행에 대해 당신을 비난한다고 해도, 당신이 그것을 받아들일 필요는 없다는 점을 이해하길 바랍니다. 비록 많은 아이가 그렇게 하는 것을 보았지만, 당신이 그들의 삶을 비참하게 만들었다는 비난을 그대로 받아들일 필요는 없습니다.

왜냐하면 당신이 이 비난을 받아들인다면, 당신이 무엇을 할 수 있습니까? 집을 나갑니까? 음식을 먹지 않고 옷을 닳게 하지 않으면 됩니까? 눈앞에서 사라지면 됩니까? 만약 당신이 그들이 꿈을 이루지 못하고 불행해지도록 발목을 잡고 있는 유일한 존재라면, 이제 당신이 해야 할 일은 그들을 부담(당신)에서 벗어나게 해 주고 자살을 하는 일일지도 모릅니다.

어쩌면 당신은 이렇게 생각할 것입니다.

"내가 죽으면, 우리 엄마는 행복해질 거야. 학교로 돌아가서 엄마가 하고 싶었던 일을 다 할 수 있을 테니까. 내가 장애물이지."

그러나 당신에게 제안을 좀 해 봅시다. 만일 내가 어머니의 행복은 어머니의 몫이지 당신과는 상관없는 일이라고 말하면 어떻습니까? 비록 당신이 자살을 한다고 해도 어머니는 아마 행복하지 않을 것이라고 말하면 어떻습니까? 사실 그녀는 더 불행해질지 모릅니다. 어머니가 어떤 실패를 해 왔던 간에, 거기에 더해 이제 당신의 자살은 어머니로서의 철저한 실패가 될 것이기 때문입니다.

부모님이 당신이 그들에게 부담스러운 존재인 것처럼 느끼도록 말할 수 있지만, 당신이 그 장면에서 사라진다고 해서 갑자기 그들이 성숙해지고 자신의 행복에 대해 책임을 지게 되는 것은 아닙니다. 당신이 자살을 한 다음에, 그들이 어떻게 할지에 대해서 짐작을 해 본다면, 그들은 어째서 자신의 꿈을 이루지 못했는지에 대해 비난할 다른 사람을 찾을지도 모릅니다.

부담이 되지 않기 위해서 자살을 한다는 것은 부모님의 불행에 대한 해결책이 될 수 없습니다. 그들의 불행은 그들의 문제지 당신의 문제가 아닙니다.

화를 내는 부모

미성숙한 부모에게 사랑과 이해를 받지 못하는 것도 자녀에게는 고통스러운 일이지만, 이보다 더 안 좋은 경우도 있습니다. 부모가 화를 내고, 적대적으로 대하며, 드러내 놓고 서로 싸우는 것입니다. 이들은 마치 상대방에 맞서 전쟁을 하는 것처럼 보이며, 심지어 서로를 때릴지도 모릅니다. 서로 욕을 하고 저주를 퍼부으며, 심지어 서로를 죽이겠다고 위협을 하는 경우도 있고, 부모 중 한 사람이 자살을 하겠다고 협박을 하는 경우도 있습니다. 이러한 폭력이 상존하고 폭력으로 위협하는 가족 안에 사로잡혀 있는 아이는 너무나 위태로울 수밖에 없으며, 이 아이가 전쟁 구역에서 벗어나기 위해 자살이라는 비상 탈출구를 생각하기 시작한다는 것은 이해하기 어려운 일이 아닙니다.

이와 같은 가정에서 어른으로 성장한다는 것은 매우 어려운 일입니다. 때로 이런 유형의 부모는 당신이 성장하기를 원하지 않습니다. 그들은 당신이 그 바로 한가운데에서 그들의 싸움의 완충 역할을 해 주길 원합니다. 때로 아버지가 당신에게 다가와서 자기편이 되어 줄 것을 요구하고 어머니를 멀리하라고 말할지도 모릅니다. 또는 어머니가 다가와서 똑같이 말할 수도 있습니다. 이것은 끔찍한 선택입니다. 누구도 선택하도록 강요하지 말았어야 하지만, 그 점이 상황을 바꾸어 놓지는 못합니다. 만일 당신이 가족 안에 이렇게 사로잡혀 있고 자살을 생각하고 있다면, 당신은 혼자가 아니라는 사실을 알 필요가 있습니다. 이렇게 가족에게 잡혀 있는 대부분의 아이는 자살을 탈출구로 생각하고 있습니다.

이렇게 분노한 가족에게 사로잡혀 있는 아이들이 겪는 일 중 하나는 그 부모들에게서 '만약 애들만 아니었으면, 내가 진작에 떠났을 거야!' 또는 '내가 이놈의 자식들만 아니었으면, 몇 년 전에 집을 나갔을 거라고!' 라는 이야기를 듣는다는 것입니다.

이런 말을 들으면 당신은 무슨 생각을 할까요? 아마 당신은 '그들이 나 때문에 원하는 것을 못하는구나.' 하고 생각할 것입니다. 그들은 자유를 원하는데, 당신은 그들의 발목을 잡고 있는 족쇄입니다. 당신은 자신을 그들에게 붙어 있는 군더더기나 혹처럼 느끼기 시작합니다. 이제 당신은 그들의 문제를 해결해 주기 위해 당신이 할 수 있는 일이 무엇인지 찾기 시작합니다.

이런 이유로 해서 많은 아이가 자신을 부모의 문제의 근원이라고 생각하고, 자기만 그들 눈앞에서 사라지면 부모가 행복할 수 있을 것이고 다시 서로 사랑하는 관계로 돌아갈 것이라고 생각하기 시작합니다. 그리고 더 안 좋은 일은 부모가 아이들로 하여금 이런 식으로 생각하게 한다는 것입니다.

쉐런은 열일곱 살 소녀로, 학교에서 문제를 일으킨다고 하여 부모가 나에게 보냈습니다. 그녀는 잠자는 데 어려움을 겪고 있었습니다. 세 아이 중 막내인 쉐런은 아직 집에 있는 유일한 자녀였습니다. 그녀는 문제가 점점 더 악화되는 것 같이 보였기 때문에 자살을 해야겠다고 생각하기 시작했습니다.

"왜 자살을 해야겠다고 생각했습니까?"

내가 물었습니다.

"그게 모든 문제를 해결해 줄 테니까요."

"무슨 문제를 말인가요?"

"모든 문제요."

"어떻게요?"

"벗어날 수 있어요."

쉐런이 말했습니다.

"어디서 벗어나는 거죠?"

"학교, ……집."

나는 쉐런이 좋은 학생이었다는 것을 알고 있었습니다. 그녀는 운동도 잘했고 토론 팀에서 활동했으며, 언제나 학교를 좋아했습니다.

"집에서 무슨 일이 있었는지 이야기해 보겠어요?"

나의 제안에 쉐런은 울기 시작했습니다.

그러고 나서 나에게 이야기를 들려주었습니다. 그녀의 아버지가 다른 여자와 바람을 피웠는데, 3개월 전에 어머니가 그 사실을 알게 되었습니다. 끔찍한 싸움이 벌어졌습니다. 서로 폭력이 오가지는 않았으나 그녀의 어머니가 아버지에게 계속 다른 여자를 만나고 다니면 자살을 하겠다고 위협했습니다. 쉐런은 어느 날 부모가 싸우는 소리를 엿듣게 되었습니다. 어머니가 말했습니다.

"내가 쉐런만 없었으면, 자살을 했을 거예요."

그러자 아버지가 말했습니다.

"참지 말지 그래!"

그러자 어머니는 "지금 당장은 말고요, 그 애가 대학 들어갈 때 까지는 기다릴 거예요."라고 말했습니다.

그러나 쉐런 앞에서 부모는 마치 아무 일 없었다는 듯이 행동했습니다. 그들은 가족 생활을 계속해 나갔고 다 괜찮은 척했습니다. 그러나 물론 그렇지 않았죠. 쉐런은 좋은 아이였고, 부모의 행복을 바랐기 때문에 어느 아이라도 했을 법한 일을 했습니다. 그녀는 어머니의 자살을 막기 위해 자신이 할 수 있는 것에 대해 생각했습니다.

그녀가 하기로 결심한 것 중 하나는 대학에 가지 않는 것이었습니다. 그녀는 자신이 집에 있는 한 어머니가 자살을 할 수 없을 것이라고 판단했습니다. 그렇게 하기 위해 그녀는 자신을 수감자로 만들었습니다. 그녀가 할 수 있었던 전부는 자신의 행복, 미래 그리고 인생을 희생하는 것이었습니다. 그러나 이 계획은 효과가 없었습니다. 그 때문에 그녀는 자살에 대해 생각하기 시작했습니다.

나는 쉐런에게 대학에 가면 무엇을 전공하고 싶으냐고 물었습니다.

"심리학."

그녀가 대답했습니다. 그리고 미소를 지으며 말했습니다.

"부모님을 돕고 싶은 거 같아요."

"이미 부모님을 도왔어요."

내가 말했습니다.

"그런데 무보수로 일했지요."

나는 내 사무실에 환자가 잘못 왔다는 것을 알았고 쉐런에게 그렇게 말했습니다. 그리고 나서 전화를 걸어 그녀의 부모를 오라고 했습니다. 그리고 우리는 모든 문제를 드러내어 작업을 할 수 있었고 그 가족은 함께 살 수 있었습니다. 그녀는 다음 해에 대학에 진학하기 위해 집을 떠났고 아무도 자살하지 않았습니다.

쉐런 이야기의 요지는, 부모 사이에 꼼짝없이 끼어 있는 다른 많은 아이들과 마찬가지로, 그녀는 부모가 잘 지내는 데 대한 책임이, 특히 쉐런의 경우에는 어머니가 자살하지 않게 할 책임이 자신에게 있다고 믿고 있었다는 것입니다.

관심을 끌기 위해 죽다

내가 수잔을 만났을 때, 그녀는 열여덟 살이었습니다. 그녀는 긴 금발머리에, 예쁘고 자그마했습니다. 그녀는 여름이었는데도 긴팔 블라우스를 입고 있었습니다. 그녀는 일 년 내내 긴소매 옷을 입었는데, 그것이 손목에 나 있는 상처를 가려 주었기 때문이었습니다.

수잔에게 어린 시절 대부분은 불행했습니다. 그녀가 열 살 때 어머니가 이혼을 했고, 다른 이혼한 사람들이 그런 것처럼 어머니는 자신과 인생을 함께할 누군가를 만나고자 하는 바람으로 다른 남자들과 데이트를 하기 시작했습니다. 그러나 어머니는 좋은 사람을 만나는 데 성공하지 못했고 불행했습니다. 수잔의 어머니는 술을 마시기 시작했고, 주말에는 데이트를 하러 나갔습니다. 수잔은 혼자 남았고, 버려졌으며, 거부당했습니다. 그녀는 어머니가 정말로 자기를 사랑하는지 의심하게 되었습니다. 그녀는 자기가 눈앞에서 사라지면 어머니가 다른 남자를 만날 수 있을지 궁금해하기 시작했습니다.

"제가 처음으로 손목을 그은 것은 어느 일요일 아침이었어요."

그녀가 말했습니다.

"제가 열두 살 때였을 거예요. 엄마는 금요일 저녁에 나가서 들어오지 않았고, 저는 엄마가 어디에 있는지도 알지 못했어요. 엄마가 결국 집에 들어왔을 때, 제가 피를 흘리고 있는 것을 발견했지요."

"그리고 어떻게 되었나요?"

내가 물었습니다.

"엄마는 무척 당황했어요. 울면서 저를 사랑한다고, 저를 혼자 두고 다시는 떠나지 않을 거라고 말했어요."

"그랬어요?"

"예. 그러나 그건 2주밖에 안 갔어요. 엄마는 새 옷도 사 주고 데리고 나가서 피자도 사 주었어요. 하지만 다시 밖으로 나돌기 시작했고 주말에 집에 안 돌아오곤 했어요."

"손목을 그었을 때, 당신은 어떤 일이 일어나길 바랬나요?"

"모르겠어요."

수잔이 말했습니다.

"생각해 보면 엄마가 집에서 저와 함께 있기를 바랐던 것 같아요.

아니면 저에 대해 관심 가져 주기를 바랐던 거 같기도 하고요. 하지만 엄마는 너무나 자기 인생에 열중하고 있어요. 나는 존재하지 않는 것 같아요."

"죽고 싶었나요?"

수잔은 잠시 생각에 잠겼습니다.

"그랬던 것 같아요. 적어도 더 이상 살고 싶지 않았어요."

손목을 그을 때마다 그녀는 매번 좀 더 깊은, 좀 더 심각한 상처를 입었습니다. 그리고 그녀의 어머니가 집에 돌아와서 그녀가 피를 흘리고 있는 모습을 발견할 때마다 어머니는 수잔을 끌어안고 입 맞추고 상황이 나아질 것이라고 약속했습니다. 그러나 그 약속은 얼마 가지 않았습니다.

수잔과 그녀의 어머니는 자살 게임에 사로잡힌 것인데, 그 게임은 한 사람이 상대방으로 하여금 관심을 기울이게 하고 정말로 사랑한다는 것을 증명하게 하기 위해 자살 위협을 하는 것입니다.

이것은 결코 누구도 승자가 될 수 없는 위험한 게임입니다. 결국, 모두가 패배합니다. 나는 왜, 그리고 어떻게 부모가 자신의 인생에 그렇게 사로잡혀서 관심과 사랑과 시간과 이해를 필요로 하는 자녀들을 유기하는지 모르겠지만, 그런 부모가 분명 있습니다. 그리고 당신의 부모님이 그러하다면, 당신은 혼자가 아니라는 점을 알 필요가 있습니다. 그리고 당신의 부모님이 당신이 필요로 하는 사랑과 시간을 나누어 줄 능력이 없는 것일 수 있기 때문에 당신이 참고 이해하고, 어떤 면에서는 좀 더 성숙한 사람일 필요가 있는지도 모릅니다.

만일 그들이 당신을 사랑하지 않는다고 생각한다면

나는 당신의 부모님이 마음속 깊은 곳에서 진심으로 당신을 사랑하는지 알 수 없습니다. 어쩌면 당신도 자신 있게 말할 수 없을지 모릅니다. 그들도 그럴 가능성이 충분히 있습니다. 그러나 나는 이것은 알고 있습니다. 목숨을 끊겠다는 위협이나 자살 시도는 그들의 사랑에 대한 아무런 증거도 끌어낼 수 없다는 것입니다. 맞습니다. 자살을 하려고 시도하는 것은 그들의 관심을 끌 것입니다. 맞습니다. 자살하겠다고 위협하는 것은 뭔가 잘못되었다는 것을 그들에게 일깨워 줄 것입니다. 그러나 자살을 시도하는 것이 반드시 어떤 영구적인 변화를 유발하는 것은 아닐 것입니다. 바로 여기에 큰 위험성이 숨어 있습니다.

만일 당신이 자살을 시도하면 당신의 부모님은 당신을 더 좋아하기보다는 덜 좋아할 가능성이 큽니다. 만일 당신이 목숨을 끊으려고 했다가 실패하면 부모님은 당신에게 화가 날 수 있습니다. 그들은 당신에게 깜짝 놀랄 수 있습니다. 그들은 당신이 또 자살 시도를 할까 봐 당신을 혼자 내버려 두지 않으려고 할 수 있습니다. 그리고 확신하건데, 그들은 당신이 자신들을 죄수로 만들어 버리는 방식을 아주 싫어할 것입니다.

죄수요? 그렇습니다.

당신이 누군가의 관심을 끌기 위해 또는 누군가가 당신을 사랑한다고 말하게 하기 위해 자살을 시도할 때, 우리가 사용할 수 있는 가장 강력한 무기, 즉 생명을 이용하는 것입니다. 만일 당신이 자신이 원하는 것을 얻기 위해 죽으려고 한다면, 당신이 원하는 것을 조금 얻을 수 있는 아주 좋은 기회를 잡고 있는 것입니다. 당신은 사람들의 관심을 받을 것이고, 사람들은 당신의 이야기에 귀를 기울일 것입니다. 그러나 그들은 갑자기 당신을 사랑한다는 사실을 깨달았기 때문이 아니라, 당신을 잃는 것이 두렵고 당신이 자살했을 때 돌아올 불명예가 두렵기 때문에 그렇게 할 것입니다.

그렇다면, 당신이 한 일은 무엇입니까?

"당신이 나를 사랑하지 않을 거라면, 나는 죽어 버릴 거예요!"라고 말한 게 아닙니까?

당신이 이렇게 한다면 그 상대방은 겁을 먹을 것이며, 덫에 걸린 느낌을 받을 것입니다. 그들은 당신이 자신들을 죄수로 잡아 두었다고 느낄 것입니다. 그들은 당신이 원하는 대로 정확하게 하지 않으면, 당신이 목숨을 끊을 것이고 자신들은 비난을 받을 것이라고 느낄 것입니다. 이것은 당신이 그들을 가둔 마음의 감옥이지만 모든 감옥은 다 똑같습니다.

일단 당신이 부모님(또는 다른 누군가)을 그런 감옥에 집어넣으면, 한 가지 일은 확실히 일어납니다. 그들이 인정하지 않을지는 모르지만, 그들은 당신을 싫어하기 시작합니다. 그들은 당신이 목숨을 끊겠다고 위협해서 자신들을 조종하는 방식 때문에 당신을 증오하기 시작할 것입니다. 조종당하는 것을 좋아하는 사람은 아무도 없습니다.

얼마 전에 한 소년의 이야기를 들었는데, 그 소년의 어머니는 집을 떠날 것이며 아버지와 이혼하겠다고 협박을 했습니다. 소년은 어머니가 그렇게 하면 자신은 자살을 할 것이라고 여러 번 말했습니다. 그리고 그가 그렇게 말할 때마다 그의 어머니는 집을 나가겠다는 결심을 미뤘습니다. 그러다 어머니가 집을 나가면 자신은 자살을 하겠다고 한 번 더 위협을 하자, 어머니는 화가 나서 말했습니다.

"그런 말 좀 그만 할 수 없니? 어서 하라고! 네가 그런다고 내 마음이 바뀌지는 않을 거야."

그날 밤에 그 소년은 목숨을 끊었습니다.

이 이야기의 끝도 불행입니다. 장례식 직후에 어머니는 집을 떠났습니다— 계획했던 대로 말입니다.

그러므로 당신이 생각해 보길 바라는 부분은 당신이 아무리 절실히 부모님의 사랑과 이해를 필요로 한다고 해도 자살 위협으로는 그것을 얻을 수 없다는 것입니다. 그런 위협은 상황을 악화시킬뿐입니다. 두 번째로, 당신의 죽음으로 부모님의 결혼생활이 좀 더 나아질 거라고 믿는다면 당신은 큰 실수를 하는 것입니다. 그들에게 도움이 필요할 수는 있겠지만 당신의 죽음은 아닙니다.

마지막으로 당신에게 말하고 싶은 것은, 적어도 어떤 가정에서는 당신에게 자살할 것을 기대할 수도 있다는 것입니다. 당신의 부모님이 말로 "너는 왜 자살하지 않는 거니?"라고 하지는 않지만, 행동으로 당신이 없어져야 가정이 더 잘 될 것이라고 암시할 수는 있습니다.

이 말이 얼마나 이상하게 들리는지 알고 있습니다. 그러나 그런 경우를 몇 번 보았습니다.

톰은 삼촌 존이 자살을 했을 때 일곱 살이었습니다. 그것은 가족의 비극이었고 그에게 강한 인상을 남겼습니다. 후에 톰이 고등학생이 되었을 때 그의 아버지는 그가 성적을 잘 받지 못한 것 때문에 화가 나서 "너는 네 삼촌 존처럼 늘 엉망인 녀석이야. 그가 어떻게 했는지 너 알지!"라고 말했습니다. 상처를 입고 당황한 톰은 이 말을 낙제를 하느니 삼촌처럼 자살을 하라는 의미로 해석했습니다. 그리고 하루도 지나지 않아 실제로 목숨을 끊었습니다.

나는 톰의 아버지가 톰과 자살한 삼촌을 비교한다는 것이 톰에게 어떤 영향을 미칠지 알았는지에 대해서는 잘 모르겠습니다. 하지만 톰에게 미친 영향은 무서운 것이었습니다. 그것은 톰에게 사형선고와도 같은 것이었습니다. 아버지가 뭔가에 대해 화를 낼 때마다 톰은 즉시 자살을 생각했던 것입니다.

나는 톰의 아버지가 실제로 그가 죽기를, 눈앞에서 사라지기를 원했는지에 대해서는 잘 모르겠습니다. 그 점은 의심스럽습니다. 그러나 어쩌면 그랬을지도 모르겠습니다. 그것은 불가능한 일이 아닙니다. 어떤 부모는 실제로 그들의 자녀가 죽기를 바랍니다. 그러나 기억해야 할 것은 부모가 자신의 말이나 행동이 미칠 영향에 대해서 생각해 본다면 분명 후회하게 될 말이나 행동을 할 수 있다는 점입니다. 그리고 비록 그들이 후회하지 않고, 정말 그렇게 생각한다고 하더라도, 그것은 여전히 그들의 문제지 당신의 문제가 아닙니다.

마지막으로, 나는 당신이 일단 태어났으면 살 권리가 있다는 것—

다른 모든 사람이 이 권리를 가진 것과 마찬가지로—을 알았으면 합니다. 법에도 그렇게 명시되어 있고, 그 법을 지키는 모든 사람이 당신이 살 권리를 지키는지를 지켜보기 위해 자신의 권한 내에서 뭐든 할 것입니다. 그 누구도, 심지어 당신의 부모님조차도, 이런 권리를 당신에게서 빼앗아 갈 수는 없습니다.

그러므로 우연히 당신의 부모님이 정말로 당신을 원하지 않거나, 자녀를 어떻게 사랑하는지 모르거나, 누군가를 기쁘게 하기 위해서는 당신이 죽어야만 한다고 믿게 한다면, 이것을 기억하십시오.

당신은 세상에서 가장 소중한 존재입니다.

당신은 부모의 자식일 뿐 아니라 생명 그 자체의 자녀입니다.

당신은 세상의 미래입니다.

그리고 첫 부분에서 말했던 것처럼 당신이 없어져 버린다 해도 그들은 당신을 사랑하지 않을 것입니다.

14

자살 시도를 한 사람들을 위하여

이 책을 누가 읽게 될까 생각하다가 이 책을 읽는 사람들 중 일부는 이미 자살 시도를 한 사람이 될 것이라는 점을 깨달았습니다. 어쩌면 당신은 손목에 붕대를 감고 병원 입원실에 앉아 있을 수도 있고, 집에 홀로 있을 수도 있습니다. 어쩌면 바로 얼마 전에 당신이 이승을 하직하려고 했다는 사실을 아무도 모를 수 있습니다. 나는 당신의 상황에 대해 잘 모르지만, 당신이 겪었을 일에 대해 조금은 알고 있으므로 당신이 하려고 했던 것과 그것이 어떤 의미인지에 대해 내가 생각하는 바를 당신과 나누고 싶습니다.

통계적인 관점에서 보았을 때, 많은 전문가들이 말하기를, 일단 당신이 한 번 자살 시도를 했다면, 또다시 자살 시도를 할 것이고 그래서 언젠가는 자살에 성공할 위험성이 매우 높다고 합니다. 내가 할 수만 있다면, 그 위험성을 줄이기 위해 노력하고 싶습니다.

당신의 인생에 무슨 일이 있었는지, 무슨 일이 있었기에 당신이 목숨을 끊을 결심을 했는지 나는 알 수가 없기 때문에 이 일들에 대해 일반적인 용어로밖에 설명할 수 없습니다. 내가 가장 하고자 하는 것은, 당신이 죽으려고 시도한 후, 몇 시간 또는 며칠 동안 겪었을 일에 대해서 당신과 이야기하는 것이며, 당신이 이미 자살 시도를 했었다는 것이 그것을 다시 해야만 한다거나 다시 할 것이라는 의미는 아님을 당신이 이해하도록 돕는 것입니다.

당신의 반응

목숨을 끊으려고 시도했다가 성공하지 못한 많은 사람은, 최근 그에게 있었던 다른 일들에서와 마찬가지로 또 실패를 했다고 느낍니다. 이들 중 일부는 자신에게 화를 내며 혼란과 죄책감을 느낍니다. 이들은 스스로를 멍청하고 한심하다고 느끼며, 마치 상황이 좋아지라고 어떤 일을 시도했는데, 더 악화되기라도 한 것처럼 느낍니다.

최근에 자살 시도를 했던 몇몇 사람이 나에게 말했습니다.

"제가 상황을 정말 엉망으로 만들어 놓은 거죠. 그렇죠?"

솔직히 말하면, 때로는 맞는 말입니다. 다른 장에서 자살 시도에 성공하지 못했을 때 수반되는 가능한 결과에 대해 이야기할 것입니다. 다만, 지금은 당신이 겪었을 일과 그 경험을 통해 당신이 배울 수 있는 것에 초점을 맞추고 싶습니다.

내가 이야기를 나누어 보았던 거의 모든 사람은 자살 시도 직후 몇 시간 동안 자신이 한 일로 인해 겁에 질려 있었습니다. 자살 시도를 하기 전 며칠 동안 또는 몇 시간 동안 이들 중 많은 사람이 마치 그렇게 불가능하게 보였던 상황을 결국은 손에 쥔 것 같은, 가까운 미래에 대한 어떤 통제감 같은 것을 느꼈습니다. 어떤 이들은 자살을 시도하기 전 마지막 몇 시간 동안 차분함과 평온함을 느꼈습니다.

그러나 자살 시도가 실패로 끝나자, 갑자기 통제감은 사라지고 그렇게 도망치고 싶어 했던 혼돈의 세계로 다시 한 번 내팽개쳐진 것 같은 느낌을 받았습니다. 이들은 세상이 조금도 나아지지 않았다는 것과 때로는 더 안 좋아 보인다는 사실을 발견했습니다. 그리고 자신이 죽지 않았다는 사실을 받아들이기 시작하면서 자신의 감정—자기를 살해하는 행위로 스스로를 몰아넣을 수 있는—의 힘 때문에 겁에 질리게 됩니다.

어떤 사람들은 자살 시도에서 살아남은 것에 대해 안도감을 느꼈다고 말합니다. 많은 사람이 결국 죽지 않아서 마지막 순간에 살아야겠다는 생각을 해서, 또는 자살 시도를 하는 순간에 누군가에게 발견되어 기뻤다고 말했습니다. 또 어떤 사람들은 정반대의 감정을 느꼈습니다.

"도대체 그 사람들은 왜 나를 살린 거죠?"

메리가 말했습니다.

"나는 죽고 싶었다고요. 왜 그들은 나를 그냥 내버려 두지 않은 거냐고요? 내가 뭘 원하는지도 모른단 말인가요!"

메리는 치사량의 수면제를 복용했었고, 의사와 간호사의 헌신적인 노력이 없었다면 그녀는 죽었을 것입니다. 그녀는 병원의 의료진에게 화가 났고 그들을 맹렬히 비난했습니다. 그들이 자신의 계획을 망쳐 놓고 억지로 살게 했다는 것이었습니다.

메리를 만나기 전까지 나는 자살을 하는 것에 대해 그렇게 고집스러운 사람을 본 적이 없었습니다. 그녀는 마음을 정했고, 계획을 세웠으며, 그것을 실행에 옮겼습니다. 우연히 찾아든 행운(이웃사람이 TV가이드를 빌리려고 찾아왔습니다)이 의식을 잃고 쓰러져 있는 그녀를 발견하고 그녀를 병원으로 옮겼습니다.

메리가 자살 시도를 한 후 몇 주 동안, 그녀는 분노—자신에 대한 분노, 자신을 살려 낸 사람들에 대한 분노, 나를 만나러 가도록 명령한 판사에 대한 분노, 사는 것이 죽는 것보다 낫다고 확신을 가지게 하려는 나에 대한 분노, 그리고 세상에 대한 분노—로 가득 차 있었습니다.

그러나 점차 메리는 자신의 분노를 이해하게 되었습니다. 그 근원과 그 의미를 이해하면서 그녀는 자신의 분노가 긍정적인 변화를 위한 에너지로 전환될 수 있다는 것을 배웠습니다. 메리의 분노가 결국에는 그녀를 살렸습니다.

여러 면에서 메리는 인생에 대해 화를 낼만 했습니다. 그러나 상담의 도움으로 그녀의 인생에서 잘못된 모든 것에 대해 자신을 비난할 이유가 없다는 점을 점차 이해하게 되었습니다. 이윽고 자살이 자신의 분노를 다룰 수 있는 여러 방법 중 한 가지였다는 사실을 알게 되었습니다. 분노를 좀 더 생산적인 방식으로 사용할 수 있는 다른 방법들이 있었습니다. 우리가 함께 상담 작업을 하면서 그녀는 분노의 표적을 재설정하고, 건강한 방향으로 그것을 표현하는 방법을 발견했습니다.

자살 시도를 한 후 몇 달이 지나서 메리는 말했습니다. "내가 엉뚱한 사람한테 화를 냈던 거 같아요. 하지만 아직까지 화를 내고 있다는 말은 아니에요. 여전히 꽤 비참한 세상에 살고 있긴 하지만요."

지난 십 년 동안 메리는 크리스마스 카드를 보내 왔습니다. 그녀는 여전히 화를 내지만 적어도 잘못된 모든 일에 대해 자신을 비난하지는 않습니다.

어떤 사람에게는 한 번의 자살 시도면 충분합니다. 진짜 죽을 수 있는 가능성에 한 번 손을 대 본 것이 그를 새롭게 현실세계로 돌아오게 하기에 충분할 정도의 충격이었을 수 있습니다. 많은 사람이 자살 위기와 자살 시도에서 회복되며, 자신이 죽으려고 했던 이유가 충분하지 못했다고 생각하고, 인생이 어떻게 될 수 있는가에 대해 완전히 새로운 비전을 가지고 인생을 살아 나가게 됩니다. 남자 친구를 잃은 후 자살 시도를 했던 한 젊은 여자가 내게 말했습니다.

"생각해 보니까, 제가 그 얼간이 때문에 거의 죽을 뻔한 거더라고요."

또 다른 사람들에게는 자살 시도가 잊혀지지 않는 기억이 되어 그들이 상처입거나 우울하거나 외롭다고 느낄 때마다 끈덕지게 따라다니며 그들을 괴롭히게 됩니다. 그들은 한때 궁극적인 해결책이라고 생각해서 시도했던 것을 다시 한 번 시도하게 되고, 또다시 시도할 수밖에 없다고 느낍니다. 이것은 자기충족적 예언의 저주입니다.

간단히 말해, 자기충족적 예언은 사람이 어떤 운명을 가지고 있어서 아무리 애를 써도 그 운명대로 살게 되어 있다고 믿는 것입니다. 예를 들어, 당신이 어느 날 자신의 손으로 죽음을 맞을 것이라고 믿고, 그 신념을 반박하거나 바꾸거나 버리려고 노력하지 않는다면 그 신념은 당신의 의식 뒤에 도사리고 앉아서 적당한 상황이 올 때까지 기다릴 것입니다. 그리고 당신이 시련에 빠졌을 때, 자포자기가 시작됩니다. '짠!' '자살을 해야 한다.' 는 오래된 생각이 나타납니다.

어느 철학자가 한때 이런 말을 했습니다.

"자살 생각은 대단한 위안이다. 그것을 통해 사람은 수많은 어두운 밤을 성공적으로 견뎌 낸다."

어쨌든 이 말은 자살에 대한 생각이 어떻게 위안도 되고 잠재적인 적도 될 수 있는지를 보여 주는 예인 것 같습니다. 우리가 원하는 때라면 언제든 고통을 끝낼 수 있는 힘을 가지고 있다는 것을 아는 것은 우리 모두에게 위안이 될 수 있지만, 그 생각이 우리 자신이 만들어 놓은 법을 강제로 집행할 수 있다고 한다면 이것은 적이 됩니다. 이것은 마치 누군가가 "상황이 악화되면 나는 언제든 자살을 할 수 있다는 것을 안다."라고 하는 것과 같습니다. 하지만 그것은 '상황이 악화되면, 자살을 해야만 한다!' 는 생각과는 매우 다른 것입니다.

그러므로 당신이 자살을 시도한 적이 있다 하더라도 그것이 반드시 조만간 목숨을 끊어야 한다는 이야기는 아닙니다. 만일 인생이 연극과 같고 당신이 작가라면, 누가 당신에게 3막을 바꿀 수 없다고 하겠습니까? 누가 당신에게 연극의 결말을 다시 쓸 수 없다고 하겠습니까? 간단히 말해, 당신의 인생이 최근에 비극처럼 흘러가고 당신의 자살 시도가 그런 사실에 대한 증거라고 하더라도 그것이 곧 인생이 그런 식으로 끝나야 한다는 의미는 아닙니다. 당신은 내가 내담자들에게 자주 하는 것처럼 스스로에게 다음과 같은 질문을 해 보십시오.

"그런데 이 연극을 누가 쓰고 있습니까?"

다른 사람들의 반응

나는 다른 사람들이 당신의 자살 시도에 대해서 어떻게 반응할지에 대해 간단히 언급하고자 합니다. 이것을 다루고자 하는 이유는 당신이 최근에 자살 시도를 한 적이 있다면 다른 사람들이 어떻게 생각하고 느낄 수 있는지에 대해 어느 정도 알고 있을 것이기 때문입니다.

첫째, 자살 시도에 대해 단일한 또는 예측할 수 있는 반응이라는 것은 없습니다. 어떤 사람들은 즉각적인 공감과 이해를 보입니다. 어떤 사람들은 마치 당신이 자신들을 상처 입히고 당황하게 하기 위해 뭔가를 한 것처럼 당신에게 화를 냅니다. 또 어떤 사람들은 당신이 자신과 신 앞에 끔찍한 짓을 했다는 데 대해 부끄럽게 생각합니다.

거의 항상 예측 가능한 반응이 한 가지 있습니다. 당신을 알고 사랑하는 사람들이 겁을 먹는다는 것입니다. 그들이 당신의 목숨을 위협하는 행동에 대해 느꼈던 두려움을 처리하는 방식은 다양하겠지만, 당신이 목숨을 끊으려는 시도를 했기 때문에 그들은 두려움을 느낄 것입니다. 이 두려움은 부분적으로는 당신을 염려하는 데서 비롯된 것이고, 또 부분적으로는 자신들에 대한 염려에서 비롯된 것입니다.

"그는 정말로 자신을 해칠 생각은 아니었어요."

십 대 소년의 아버지가 말했습니다.

"그는 단지 내키는 대로 아무 짓이나 한 겁니다."

그 소년은 목을 매 자살을 하려고 했었고 의식을 잃기 직전에 발견되었습니다. 의심의 여지없이 그는 자살 시도를 했던 것이었습니다. 그의 아버지는 자신의 아들 또는 자기 자신 또는 자신의 가족이 잘못될 수 있다는 것을 부인하고자 하는 욕구에서 자신과 잘 지내는 것 같지 않다는 이야기를 할 수 있는 사람의 이야기를 인정하지 않았습니다.

부인(denial)은 두려움과 불안을 차단하려는 주요 심리적 방어기제로, 우리 모두가 때때로 사용하는 것입니다. 당신의 자살 시도에 대해서 다른 사람이 변함없이, 그리고 더 알아보려고 하지도 않고 그저 부인하는 것은 당신에게, 또한 그에게 아무 도움이 되지 않습니다. 마치 누군가 이렇게 말하는 것과 같습니다.

"당신은 정말 자살을 하려고 한 것이 아니었어요. 우리 모두 그 사건을 전부 잊어버리는 게 어떨까요?"

이 침묵의 공모는, 내 경험으로는, 누구에게도 아무런 도움도 되지 않을 뿐더러, 다만 당신이 목숨을 끊고 싶었던 이유를 미스터리로—당신에게는 아니지만—남게 할 가능성을 증가시킬 뿐입니다.

당신이 만일 전부 '잊어버리고' 싶은 사람들과 함께 지내고 있다면, 당신은 전에 가졌던 바로 그 문제와 그것을 해결하는 방법이라고 당신이 생각했던 바로 그 생각 속에 혼자 남게 될 것입니다. 그러므로 침묵의 공모를 깨고 나와야 할 시기가 있다면 지금이 바로 그 때입니다. 당신은 가족이나 가까운 친구들을 벗어나서 당신이 무엇을 하려고 시도했는지를 이해할 수 있는 누군가를 찾아 객관적인 도움을 받고 자살보다 나은 해결책을 찾을 수 있도록 해야만 합니다.

당신 주변에 있는 어떤 사람들은 자신의 두려움을 당신에게 화를 내거나 당신이 하려고 했던 일에 대해서 비난하는 것으로 표현할 수 있습니다. 그들은 "당신이 나에게 한 짓을 좀 보라고!"라고 하거나 "어떻게 그렇게 어리석을 수가 있어요?"라고 이야기할지도 모릅니다.

아마도 이것이 당신이 기대했던 반응일 것입니다. 어쩌면 당신도 그들에게 화가 나 있었고 자살 시도는 당신이 얼마나 화가 나 있는지에 대해 알리는 방법이었을 수 있습니다. 어쩌면 누구든 당신에게 화를 내는 사람은 당신을 진정으로 사랑하는 것이 아니라는 것을 증명하려고 마음먹고, 이제 자살 시도를 한 후에 당신의 믿음을 검증해 보는 것인지도 모릅니다. 나는 모르겠습니다. 그러나 그것이 당신이 증명하려고 했고, 이제 증명한 것이라면, 그들의 사랑을 시험해 본 것은 한 번으로 충분하며, 이후에 다시는 그것을 검증하고자 하는 마음이 들지 않기를 바랍니다.

제일 좋은 결과

만일 당신이 자살 시도를 했다면, 내가 바라는 것은 당신의 인생에 변화, 어떤 긍정적인 변화가 일어났으면 하는 것입니다. 사람들이 자살을 시도하는 이유는 많습니다. 그러나 자살을 시도하는 모든 사람은 그들이 죽거나 죽는다고 위협함으로써 어떤 변화가 일어나길 바라는 소망을 가지고 있다고 생각합니다. 그들은 고통과 아픔과 외로움이 끝나길 바라며 삶에서 일어나는 끊임없는 상실을 멈출 수 있기를 바랍니다. 자살을 시도하는 데는 이유가 있으며, 적어도 그들 마음속에서는 충분한 이유가 있습니다.

그러므로 만일 당신이 목숨을 끊으려고 시도했다면, 이제 당신을 위한 어떤 좋은 일들이 일어나기 시작했으면 합니다. 이제 당신은 위기에서 살아남았으므로 지금을 새로운 시작, 새로운 가능성, 새로운 기회, 그리고 새로운 관계를 지향할 시간으로 바라보기 바랍니다. 당신의 인생에서 자동적으로 또는 자기충족적 예언의 파괴적인 힘에 떠밀려 또 한 번의 자살 시도를 할 필요는 없습니다. 그보다는 자살 시도가 새로운 시작, 새로운 탄생을 위한 기회가 될 수 있기를 바랍니다.

나의 좋은 친구 테리는 젊었을 때 자살 시도를 한 적이 있었습니다. 그는 내가 이 책을 쓴다는 것을 알았을 때, "폴, 나는 내가 죽으려고 시도한 다음에야 비로소 새로 삶을 시작할 수 있었다네."라고 이야기했습니다.

나는 자살을 시도했던 모든 사람이 눈 깜짝할 사이에 인생을 전부 바꿀 수 있는 것처럼 말하지 않을 것입니다. 그러나 도움을 통해, 시간이 흐르면서, 그리고 인생이 이전보다 의미가 있을 수 있다는 깨달음을 통해, 당신은 적어도 당신이 원하는 것의 일부를 발견할 수 있을 것이라고 확신합니다. 사랑이든, 성공이든, 행복이든—내가 최소한 확신할 수 있는 한 가지는—이것들은 모두 살아 있는 생명에게만 가능하다는 것입니다.

15

자살에 실패한 경우

이 장을 쓸 것인지 말 것인지에 대해서 오랫동안 갈등했습니다. 내가 여기서 당신에게 해야 하는 이야기는 불쾌하고, 어떤 사람이 보기에는 불필요하다고도 할 수 있는 것입니다. 그러나 다른 한편으로 나는 당신에게 정직하게 책을 쓰겠다고 약속했습니다. 자살을 시도하는 대부분의 사람이 자살에 성공하지 못하기 때문에, 만일 당신이 자살을 시도했는데 실패했을 경우에 어떤 일이 일어날 수 있는지에 대해서 내가 알고 있는 것을 당신과 나누지 않는다면, 나는 당신을 기만하는 것이 될 것입니다. 그러므로 나는 약속을 지키겠습니다.

내가 처음으로 자살이라는 것이 뭔가 확실한 것이 못 되고, 어떤 사람이 가지고 있는 문제를 해결하는 간단한 방법이 절대 아니라는 것을 깨달은 것은 정신과 병동에 입원한 한 사람을 면접했을 때였습니다. 그를 찰스라고 부르겠습니다.

찰스는 지난 몇 달간 우울했습니다. 중년 남자인 그는 거의 1년 동안 직장이 없었고 실업수당도 중단되었습니다. 그에게는 부양해야 할 가족이 있었고 아무리 노력을 해 봐도 아무런 해결책을 발견할 수 없었습니다. 그의 관점에서 보면, 그에게는 오직 한 가지 결정만이 남아 있었습니다. 자살입니다. 그는 생명보험 증서를 살펴보고 그가 자기 손으로 죽음을 맞아도 보험금을 받는 데 아무런 제한이 없다는 것을 발견했습니다. 그가 죽으면 가족은 수천 달러를 받게 되지만, 그 돈은 가족에게는 그를 잃게 하는 것이었습니다.

병원에 입원하던 날, 찰스는 아침 일찍 일어나서 사냥용 칼을 가지고 화장실로 들어갔습니다. 그것은 길고 날카로운 칼날을 가지고 있었습니다. 그는 셔츠를 벗고 그의 심장이 있다고 생각한 갈비뼈 사이에 칼을 갖다 댔습니다. 그리고 두 손으로 힘을 주어, 그가 할 수 있는 한 힘껏 찔렀습니다.

그러나 칼은 비껴 갔습니다. 일 인치(inch) 정도의 차이였습니다.

“끔찍한 고통이었어요.”

그가 말했습니다.

“피가 사방에 흘러넘쳤어요. 바닥은 엉망이 되었지요.”

내가 찰스를 만났을 때, 나는 젊은 심리학자였습니다. 솔직히 그의 이야기는 나를 움찔하게 만들었습니다. 한 사람이 수천 달러를 위해 자신의 가슴에 칼을 들이댈 만큼 우울하고 절망적일 수 있다는 것을 상상하는 것은 나를 겁에 질리게 했습니다. 그때까지 나는 어쩌면 당신과 마찬가지로 어떤 사람이 죽어서 관에 누워 있는 모습을 바라보았을 때처럼 자살이 깔끔하고 간단한 행위라고 생각해 왔던 것 같습니다. 몸에 남은 외상(trauma)의 흔적이 장의사의 능숙한 기술로 조심스럽게 감추어져 가족이나 친구들에게 보이지 않는 것처럼 말입니다.

그러나 가슴에 붕대를 칭칭 감고 차분한 목소리로 심장이 어디 있는지 좀 더 잘 알았더라면 심장을 찔러 죽을 수 있었을 것이라고 말하는 사람이 여기 있었습니다.

"총으로 쏘았어야 했어요."

찰스가 말했습니다.

"하지만 나는 현금이 필요했었기 때문에 몇 달 전에 총을 저당잡혔어요."

찰스의 아내는 그가 화장실 바닥에 피투성이가 되어 쓰러져 있는 것을 발견했습니다. 아들의 도움을 받아 아내는 가까스로 그를 응급실로 데려갔고 거기서 의사가 칼을 빼내고, 상처를 꿰매고, 그를 정신과 병동으로 보냈습니다. 그는 지금 살아 있지만 위험에서 벗어난 것은 아니었습니다. 몇 달 뒤 그는 의료진과 직업재활치료의 도움으로 자신을 집과 가족에게 돌아가게 해 줄 수 있는 새로운 직업을 훈련받아 위험에서 벗어날 수 있었습니다.

사람은 죽기 어렵습니다

자살을 계획하는 많은 사람은 사람이라는 존재를 죽이는 것이 얼마나 어려운 일인지 잘 모릅니다. 우리는 실제로 꽤 질긴 조직으로 이루어져 있습니다. TV나 영화에서 사람들이 얼마나 쉽게 죽을 수 있는지를 보았든 간에 실제는 이와 다릅니다. 어쩌면 우리가 액션영화에 나오는 죽음에 많이 노출되었기 때문에, 또 죽음이 간단한 것이라고 믿고 싶어 하는 마음 때문에 죽는다는 것이 어려우면서 동시에 고통스러운 것이라는 사실을 받아들이려고 하지 않습니다. 찰스는 이것이 매우 어렵다는 것을 깨달았고 자살을 시도했던 수천 명의 다른 사람들도 그러했습니다.

실제로, 다른 방법들보다 좀 더 성공적인 자살 방법이 있습니다. 그러나 가장 치명적인 방법으로도 실패하는 수가 있습니다. 다음에 제시하는 사람들—그들을 보호하기 위해 이름과 몇 가지 사실을 바꾸었습니다—에게 일어난 일들을 고려해 봅시다.

톰은 십 대 소년으로, 22구경 권총을 머리에 겨냥하고 방아쇠를 당겼습니다. 탄환이 관자놀이를 뚫고 들어가 뇌를 지나, 두개골 안쪽을 스쳐, 턱에 박혔습니다. 그는 죽지 않았습니다. 현재 심각한 뇌손상을 입었지만 살아 있습니다—학교에 가거나 일을 할 수는 없습니다.

메리는 높은 다리에서 강으로 뛰어내렸습니다. 많은 사람이 같은 방식으로 죽습니다. 그러나 메리는 죽지 않았습니다. 그녀는 잘못된

각도로 물에 뛰어들어 등을 다쳤습니다. 익사하기 전에 구조되었지만 그녀는 현재 휠체어를 타고 생활하고 있습니다.

조지는 권총으로 배를 쏘았습니다. 신장이 파열되었습니다. 다행히 신장은 두 개였습니다.

브라이언은 약물 소지 혐의로 체포되자 부모의 반응이 두려워 감옥에서 목을 매어 자살을 시도했습니다. 그는 질식했고 의식을 잃었습니다. 뇌에 산소 공급이 차단되면서 영구적인 뇌 손상을 입었습니다.

제니스는 손목을 가로로 그었습니다. 힘줄을 끊을 정도로 깊은 상처를 입었습니다. 제니스는 피아노를 치곤 했습니다. 그녀는 여전히 피아노를 치지만 그렇게 잘 치지는 못합니다.

더 이야기할 수 있지만, 내가 이야기하려고 하는 요지는 전달되었을 것으로 봅니다.

심리학자들은 자살 시도를 심각한 1등급 시도, 2등급 시도 그리고 3등급 시도로 나눕니다. 1등급 시도는 계획에 의한 것이며, 의도적이고 미리 생각해 놓았던 행위로, 가장 치명적인 수단을 이용합니다. 2등급 시도는 좀 더 충동적이고 비계획적이며 충분히 생각하지 않은 것입니다. 3등급 시도는 일부러 자신을 죽을 수 있는 위험한 상황에 처하게 하는 것인데, 그 의도가 그리 분명하지 않은 경우입니다. 그러나 자살 시도가 아주 심각한 1등급 시도라고 해도 성공한다는 보장은 없습니다.

어쩌면 이런 세세한 구분에 대해 당신은 별 관심이 없을 수 있습니다. 또는 이런 모든 가능성에 대해서 생각해 보지 않았을 수도 있습니다. 그러나 자살에 대해서 생각하고 있다면 적어도 다른 잠재적 결과에 대해서 자각하십시오. 당신은 죽지 않을 수도 있습니다!

일반적인 법칙은 당신이 치명적인 방법을 사용할수록 신체에 심각한 손상을 남길 수 있으며, 자살 시도에 실패한 경우, 불구가 되거나 손상된 채로 살아갈 수 있는 가능성이 크다는 것입니다. 차갑고 무정한 말로 들릴 수 있겠지만 그럼에도 불구하고 이것은 사실입니다.

약을 과다복용하는 것은 순환계 손상을 일으키고 다시는 회복할 수 없는 혼수상태에 빠지게 할 수 있습니다.

자동차를 탄 상태에서 고속으로 충돌하는 것은 당신을 장애인으로 만들 수 있습니다.

손목을 긋는 것은 상처를 남길 뿐 아니라 손을 통제하는 근육과 힘줄에 영구적인 손상을 남길 수 있습니다.

톰과 다른 이들이 깨닫게 된 것처럼 머리를 권총으로 쏜 경우에도 죽음이 보장되는 것은 아니었습니다.

무정한 말로 들리겠지만, 나는 의사와 간호사들이 어떤 사람을 죽음에서 가까스로 살려 놓았으나 영구적인 장애나 손상을 입게 된 것을 보고 "어쩌면 저 사람은 차라리 죽는 게 나았을지도 모르겠어요."라고 말하는 것을 들은 적이 있습니다. 제발 기억하십시오. 현대 구명 방법과 기술의 진보로 인해 의사들은 불과 몇 년 전이라면 죽게 되었을 사람들을 점점 더 많이 살려 놓습니다.

실패한 자살 시도는 이중의 저주일 수 있습니다. 그들이 하려고 계획한 것을 이루지 못했을 뿐만 아니라, 어떤 경우에는 그 일을 끝마칠 수단이나 신체적인 능력이나 자유를 상실할 수 있습니다. 스스로를 돌볼 수도 없고, 자기가 만들어 놓은 감옥에 갇힌 채로 요양원의 침상에 누워 있는 자신을 발견하게 될 수도 있습니다. 그리고 의료진이 일단 당신이 자살 시도를 했었다는 것을 알면, 다시는 자살 시도를 하지 못하도록 가능한 모든 주의를 기울일 것입니다.

당신의 소유물 중에 날카로운 것은 그 무엇도 허용되지 않을 것입니다—수염을 깎기 위한 면도칼이나 고기를 잘라 먹기 위한 나이프도 말입니다. 그들은 바지를 흘러내리지 않게 하는 허리띠도 사용하지 못하게 할 것입니다. 화장실에도 혼자 가게 두지 않을 것입니다. 당신은 소위 '자살 감시(suicide watch)'를 받게 될 것이며, 최소한의 사생활만이 보장될 것입니다. 한마디로 당신이 또다시 자살 시도를 할 것이라는 두려움 때문에 아무도 당신을 믿지 않을 것입니다.

비록 자살 시도의 실패가 영구적인 장애나 요양소나 정신병원에 갇히는 것과 같은 비참한 결과를 야기하지 않는다 하더라도 다른 불쾌한 결과가 있습니다.

앤은 열다섯 살에 처음으로 손목을 그었습니다. 그녀는 내가 그녀를 만났을 당시에는 깨닫지 못했던 다른 문제를 자각하게 해 주었습니다.

"저는 늘 긴소매 옷을 입어요."

그녀가 말했습니다.

"여름에도요. 때로 커다랗고 거추장스런 팔찌를 하는 동안은 그럭저럭 감출 수 있어요. 흉터를 가려 주어서 사람들이 자세히 볼 수 없게 해 주거든요. 비키니를 입으면 흉터를 감출 수 없기 때문에 수영장이나 바닷가에 놀러 간 적이 한 번도 없어요."

앤은 사람들이 그녀의 팔목에 있는 흉터를 발견하고는 무심코 "어쩌다가 손목에 흉터가 생겼어요?" 하는 질문을 했다가, 보통 그런 흉터가 어떻게 생기는지를 깨닫고 움찔 놀라 사과를 한다고 말했습니다.

"그건 굉장히 당황스런 일이에요."

앤이 말했습니다.

"무슨 이야기라도 해 줘야 할 것 같이 느껴져요. 그렇게 하지 않으면 그들은 최악의 것을 상상할 테니까요."

내가 여기에서 이야기한 것이 당신을 겁먹게 해서 자살을 해결책이라고 생각하는 데서 벗어나게 하려는 일종의 겁주기 전략으로 보일 수 있다는 것을 알고 있습니다. 그리고 어느 정도 그런 마음이 있었다고 칩시다. 그러나 자살을 시도했다가 실패한 사람들을 너무나 많이 만나 보았기 때문에 내가 그들에게서 보고 듣고 배운 것을 당신과 공유해야만 한다고 생각합니다.

자살하기를 원하는 사람들에게 자살을 시도하면 성공하지 못할 수도 있고, 예상치도 못했던 끔찍한 결과가 수반될 수도 있다고 경고하는 것만으로는 충분하지 않다는 것을 알고 있습니다. 당신이 일단 외롭고 비참하고 죽느냐 사느냐 하는 끔찍한 위기의 한가운데 서 있게 되면, 당신이 생각하는 해결책이 깨끗하고 깔끔하며 꽤 괜찮은 최후의 결정이라고 확신할 수도 있다는 것을 알기 때문입니다. '죽음은 빠르고 쉬울 것이다.' 이것이 자살의 논리입니다. 그러나 여기에서 머피의 법칙을 인용해야겠습니다.

"잘못될 소지가 있는 일은 잘못되기 마련이다."

내가 두려워하는 것은 다른 것과 마찬가지로 머피의 법칙이 자살 시도에도 똑같이 적용된다는 것입니다.

또 다른 결과들

당신이 자살 시도에서 실패했을 경우, 신체에 손상을 입을 가능성 이외에도 많은 복잡한 일이 일어날 수 있습니다. 그 대부분의 사람은 당신의 자살 시도에 대해 반응하는 방식, 당신이 스스로에 대해 생각하고 느끼는 것, 그리고 당신이 죽지 않은 결과로 생기는 인생의 변화와 관련이 있습니다. 그 결과 중 일부에 대해서는 이 책의 다른 부분에서 쓰려고 노력했습니다. 하지만 여기서 지금 당신에게 상기시키고자 하는 것은 자살 시도라는 것이 잔잔한 호수에 돌을 던지는 것과 같다는 점입니다. 그 돌의 영향력은 넓고 멀리까지 파문을 일으키는데, 그 파문이 당신과 당신을 아는 모든 사람에까지 미친다는 것입니다. 그리고 그 영향력은 종종 당신도, 어느 누구도 예측할 수 없는 미지의 것입니다.

마지막으로, 내가 여기에서 이야기한 것이 당신의 자살에 대한 생각을 조금 덜 확고한 것으로 만들었으면 합니다. 내가 당신의 최선의 계획이 틀어질 수 있고 당신이 상상할 수 있는 것보다 훨씬 더 엉망으로 끝날 수 있다는 것을 확신시킬 수 있다면, 그때는 어쩌면 당신이 자살하는 것에 대해 한 번 더 생각할지도 모르겠습니다.

내가 잘 알고 있는 것이 하나 있습니다. 당신이 겪고 있는 힘겨운 시간들을 참고 견딜 수 있다면 당신은 조만간 생각했던 것보다 자신이 더 강하다는 것을 깨닫게 될 것입니다. 몇 년 후에 당신은 지금의 위기를 돌아보면서 당신이 극복한, 그리고 극복할 많은 다른 것과 비슷한 정도였다고 생각할 것입니다.

자살로 죽는 것은 낭만적인 것도, 신비한 것도, 부러워할 만한 것도 아닙니다. 자살에 실패하는 것은 낭만적인 것이 아닐 뿐만 아니라 슬프고 비극적인 아이러니입니다. 신문에 톰이나 찰스나 앤처럼 자살을 계획했다가 실패해서 불구가 되거나 손상을 입은 수천 명의 사람들에게 무슨 일이 일어났는지에 대한 이야기가 전부 실린다면, 우리 모두가 자살을 시도하기 전에 두 번이 아니라 세 번이라도 재고하게 될지 모르겠습니다.

앤이 나에게 한 말이 있습니다.

"사람들에게 자살 시도를 하지 말라고 하세요. 그건 정말 어리석은 짓이에요."

16

뒤에 남겨진 사람들

당신은 이 장에서 내가 하는 이야기를 좋아하지 않을지도 모릅니다. 그리고 이 이야기는 스스로 목숨을 끊으려고 하는 생각에 대해 죄책감을 느끼게 할지도 모릅니다. 하지만 처음에 말했던 것처럼 나는 정직한 책을 쓰겠다고 약속했습니다. 그러므로 비록 당신이 여기서 읽은 내용을 좋아하지 않는다 하더라도 여기서 멈추지는 않을 것입니다. 이 이야기들은 '만약에?' 라는 질문에 대한 대답을 담고 있습니다.

"내가 만약 자살을 하면 어떻게 될까?"

어떤 사람들은 당신이 자살을 한 뒤에 남겨진 사람들에게 무슨 일이 생길 것인지를 이야기하는 것이 감당할 수 없는 심한 죄책감만 유발할 뿐이라고 주장할지 모르겠습니다. 나는 그 말이 사실이라고 생각하지 않습니다. 당신이 목숨을 끊을 생각이라면, 당신이 정말로 죽었을 때 다른 사람들에게 어떤 일이 일어날까를 포함한 모든 결과를 가능한 한 많이 알아야 한다고 생각합니다.

다른 사람들이란 누구를 말하는 것일까요? 그들은 당신의 부모, 형제, 자매, 사촌, 친구와 연인, 동창, 직장 동료—말 그대로, 당신이 아는 모든 사람입니다. 이들을 기술하는 다른 말이 없기 때문에 우리 영역의 전문가들은 이들을 희생자(victim)라고 부릅니다. 자살의 생존자, 그들은 당신의 자살로 인해 많건 적건 고통을 받을 사람들이기 때문에 희생자입니다. 그들 중 일부는 당신의 죽음이라는 비극에서 회복되기 위해 사랑과 이해가 필요할 것입니다. 당신과 가까운 사람일수록 더 많은 고통을 받을 것입니다. 그리고 당신의 가족보다 더 고통스러워하는 사람들은 없을 것입니다.

나는 자살하려는 사람들이 스스로에게 거짓말을 하는 것을 많이 보아 왔습니다. 그들은 필요하기 때문에 거짓말을 합니다. 그들은 자신을 다치게 하면 다른 사람들도 함께 다치게 된다는 것을 알지만, 거짓말을 하는 것이 스스로 목숨을 끊는 것을 정당화할 수 있는 유일한 방법이기 때문에 그렇게 합니다. 여기에 한 어린 소녀가 스스로에게 어떻게 거짓말을 하는지가 예시되어 있습니다.

"관 속에 누워 있는 내 모습이 보여요. 나는 푸른색 옷을 입고 있고, 양손을 가슴에 모으고 있어요. 부모님과 친구들이 내 주위에 둘러서 있는 것도 보여요. 그들은 울고 있어요."

"그들이 무슨 말을 하나요?"

내가 물었습니다.

"그들은 내가 얼마나 아름다워 보이는지 이야기해요. 얼마나 평온해 보이는지를. ……내 동생이 말해요. '레니가 지금 행복해 보여요'라고."

"레니, 그들이 또 무슨 말을 하나요?"

"그들이 나를 그리워할 거라고요."

"당신이 자살을 하지 않았으면 좋았을 거라는 말은 하지 않나요?"

"아니요."

"그들 중 누군가 화가 난 사람은 없나요?"

"아니요."

이 시점에서 나는 레니의 이야기를 끊고, 유도공상(guided fantasy, 역자 주: 상담자가 상담 과정에서 해 보라고 안내하는 공상)이라고 우리가 부르는 것에서 현실세계로 돌아오도록 했습니다. 나는 그녀의 실제 장례식 장면이 어떨지에 대해 이야기하려고 그녀를 불러 세웠습니다. 맞습니다. 그녀의 부모님과 여동생, 그리고 친구들은 울 것이고, 그녀가 평화로워 보인다는 사려 깊은 말을 할 것입니다. 여전히 그렇게 젊고 아름다운데 죽었다고, 인생이 시작되기도 전에 가 버리다니 얼마나 안타까운 일이냐고 할 것입니다. 그러나 이 모든 조심스러운 사랑과 애정의 표현 밑에, 희생자들의 가슴과 마음속에 뭔가 다른 것들이 움직이고 있습니다.

그들은 충격을 받습니다. 그들은 무슨 일이 일어났는지 믿을 수가 없습니다. 그들은 멍해지고 또 고통스러워합니다. 마치 잠에서 깨어

나도 여전히 악몽에 사로잡혀 있는 것 같습니다. 악몽이 계속 이어지는 것 같습니다. 혼란스러움과 어지러움을 느끼면서, 그들은 과연 당신의 죽음을 극복할 수 있을 것인지, 과연 다시 예전처럼 지낼 수 있을 것인지 의심하기 시작합니다.

그들은 슬픕니다. 일단 충격과 무감각함이 사라지고 나면, 자살의 생존자들은 거대하고 끈질긴 슬픔의 시기로 들어갑니다. 준비가 되지 않았던 것이었기 때문에 고통은 거의 신체적인 것으로 나타날 수 있습니다. 아주 가끔 기분 좋은 날이나 행복한 순간이 있긴 하지만 슬픔은 또다시 그들을 덮칩니다.

그들은 화가 납니다. 그들도 그러지 않기를 바라지만 그들은 당신에게 화가 날 수밖에 없습니다. 당신은 그들에게 소중한 것을 가져가 버렸고 다시는 되돌려 주지 않습니다. 그들은 당신이 그들을 골탕 먹였기 때문에, 그들을 거부했기 때문에, 당신의 괴로움을 치유하도록 도울 수 있는 기회를 주지 않았기 때문에 당신에게 화가 납니다. 당신은 죽음으로써 그들의 잘못을 되돌릴 기회를 박탈해 버린 것입니다. 그들은 이제 사과를 할 수 없습니다. 그들은 이제 귀 기울이는 것을 배울 수 없습니다. 당신의 자살로 인해 그들은 당신을 이해하거나 사랑할 수 있는 기회를 영영 빼앗겼습니다. 그들은 당신에게 지독하게 화가 납니다—그 분노는 시간이 가면 희미해지겠지만 그들의 마음속 한 구석에, 평생 동안 있을 것입니다.

그리고 그 분노 때문에 그들은 죄책감을 느낄 것입니다. 그들은 당신에게 화를 내는 것이 옳지 않다는 것을 알지만, 그래도 분노를 느낍니다. 그리고 그들이 분노를 느낄 때, 당신에게 화를 내는 것에 대해 죄책감을 느낄 것입니다.

이것은 잠깐 스치고 지나가는 죄책감이 아닙니다. 이 죄책감은 그들을 사로잡아, 단지 일주일이나 한 달이 아니라 평생 동안 그들을 괴롭힐 것입니다. 그들은 자신이 잘못한 게 있는지 알고 싶어 할 것입니다. 그러나 당신이 왜 그런 방법을 선택해 그들을 상처 입게 했는지도 알고 싶어 할 것입니다. 그들은 어쩌면 신을 미워하게 될지도 모릅니다. 그리고 그렇게 하는 데 대해서도 죄책감을 느낄 것입니다.

그들의 인생은 결코 예전 같을 수 없습니다. 일단 당신이 자살을 하면, 그것은 마치 가족 앨범에서 행복한 사진을 모두 골라 당신 얼굴에 검은 글자로 자살이라고 쓰는 것과 같습니다. 아무것도, 그 아무것도 이전과 같을 수 없습니다.

당신이 남겨 두고 떠나는 사람들에게 일어날 수 있는 일들 중에는 다음과 같은 것도 있습니다.

그들도 자살을 하게 될지 모릅니다. 그들이 겪고 있는 고통에서 벗어나고자 하는 욕구에서, 자살이 자신들에게도 좋은 해결책이 아닐까 알고 싶어 할 것입니다. 어떤 생존자들은 자신도 자살을 하는 것이 자살한 사람과 다시 만나는 길이라고 생각합니다.

그들은 자신이 미쳐 가고 있다거나 제정신이 아니라고 느낄 것입니다. 그들의 세계는 갑자기 그리고 설명할 길 없이 뒤흔들리고 산산조각 나 버립니다. 그리고 이제 그 누구도, 그리고 그 어떤 것도 산산

조각 난 달걀을 제대로 돌려놓을 수 없을 것입니다.

그들은 자신이 느끼고 있는 것에 대해 수치스러워하기 때문에 자신의 고통을 털어놓기 위해 다른 사람에게 다가갈 수 없을 것입니다. 그들은 술이나 약물을 사용하기 시작할 수 있습니다. 그들은 생명을 위협하는 긴 우울증에 빠져들지도 모릅니다. 적어도 그들은 죄책감과 분노 그리고 혼란스러움을 느낄 것입니다. 그들은 당신이 행복했던 때, 당신이 어땠었는지를 기억해 내려고 애쓸 것입니다. 그리고 할 수 있는 한 당신의 인생에 대한 기억을 끌어내 보려고 할 것입니다. 그러나 거기에는 늘 견딜 수 없는 슬픈 결론이 있을 뿐입니다—그것을 바꾸기 위해 할 수 있는 일이라고는 아무것도 없는 결론 말입니다.

당신이 부모라면, 당신은 자녀들에게 저주에 가까운 무언가를 물려주게 될 것입니다. 그 저주는 이런 것입니다.

"나는 자살을 했다. 너는 언젠가 나와 똑같은 행동을 할지도 모른다. 나도 했으므로 너도 그렇게 할 수 있게 허락해 준다."

당신이 자녀라면, 당신은 부모에게서 뭔가를 훔쳐 간 것입니다. 절대로 대체할 수 없는 어떤 것을 말입니다. 당신은 부모가 당신에게 꿈꾸었던 미래를 빼앗았으며, 어른으로 자라나는 당신을 바라보면서, 그리고 자신들은 이루지 못한 성공을 이루는 것을 보며 느낄 만족감을 가져가 버린 것입니다. 외아들을 자살로 잃은 어느 아버지는 "그 아이가 내 손자들을 빼앗아가 버렸어요. 그는 우리 집안의 대를 끊어지게 했어요."라고 말했습니다.

당신이 남편이라면 당신은 결혼생활에 대해 "아내가 나를 다 망쳐 놓았소!" 하고 말하는 것이며, 당신이 아내라면 당신의 자살은 "그가 나를 어떻게 대우했는지 보라고요! 내가 자살을 해야 할 정도였다고요!"라고 말하는 것이 됩니다. 어느 쪽이건, 당신이 한때 사랑했던 당신의 배우자는 당신이 둘 사이의 관계에 대해 떠벌린 것 때문에 당신을 결코 용서할 수 없을 것입니다. 어쩌면 이 고통은 당신이 원하는 것일 수 있습니다. 나는 잘 모르겠습니다. 하지만, 만일 정말 그렇다면, 당신은 화가 나서 시위를 하는 데 당신의 목숨이라는 너무 비싼 값을 치르는 것입니다.

당신이 형제나 자매라면, 당신이 그와 얼마나 가까웠든 간에 더 이상 친해질 수 없습니다. 당신은 그들에게 본보기를 보인 것입니다. 내 친구의 형이 자살 시도를 했는데, 그때 친구가 말했습니다.

"나는 형한테 너무 화가 났어. 다시 한 번 그런 짓을 하면 내가 형을 죽여 버리겠다고 했어."

생존자들이 경험하는 것이 또 있습니다. 갑작스런 상실감, 갑작스런 고통, 그리고 갑작스런 슬픔입니다. 이것이 바로 자연적인 죽음과 비자연적인 죽음의 차이점입니다. 우리가 잘 알고 사랑하는 누군가가 자연적인 죽음을 맞이했을 때에는, 우리도 자신의 죽음을 수용하고, 담담하며 위엄 있게 그들에게 다가간다는 희망을 품을 수 있습니다. 그렇기 때문에 우리는 그 죽음을 견딜 수 있고, 그 사실과 함께 살아가는 것을 배울 수 있습니다. 그러나 비자연적인 죽음, 갑작스런 죽음, 자살에 대해서는 그런 상실을 준비할 시간이 없습니다. 갑자기 그런 일이 생긴 것입니다. 그리고 우리는 의문 속에 서 있게 됩니다. 아무도 대답해 줄 수 없는 질문들 속에 말입니다.

자살 이후에 우리는 궁금해하고, 궁금해하고, 또 궁금해합니다.

"이렇게 했으면 어땠을까?" 우리는 묻습니다. "만약에 저렇게 했으면?" "우리가 당신이랑 한 시간만 더, 아니 하루만 더 이야기할 수 있었다면 어땠을까?" "이 모든 고통과 분노를 겪지 않아도 되게 해 줄 어떤 행동이나 말을 할 수도 있지 않았을까?"

우리는 알고 싶어 합니다. 또 알고 싶어 합니다.

간단히 말해, 우리 중 누구도 갑작스럽고 비자연적인 죽음에 대해 준비가 되어 있지 않습니다. 누군가 살해되는 것은 비극적인 사건입니다. 하지만 비교하자면, 자살은 두 배로 비극적입니다—왜냐하면, 모든 갑작스런 죽음 중에서 막을 수도 있는 것이었기 때문입니다.

당신이 내가 여기에 쓴 것을 어느 정도 이해했다고 하더라도, 당신을 사랑하는 사람들이 당신의 죽음에 대해 완벽한 준비가 되도록 해 줄 수 있는 방법은 없습니다. 당신이 노력을 할 수는 있겠지만 실패할 것입니다. 정성 들여 쓴 편지나 설명이나 경고는 뒤에 남겨진 사람들이 견뎌야 할 고통에 대해 결코 위안이 될 수 없습니다. 당신이 뭔가 다른 방법이 있을 것이라고 생각한다면, 그것은 자신을 기만하는 것입니다.

헬렌의 이야기

나와 상담 작업을 했던 한 어머니는 크리스마스 이브에 자살을 하기로 결심을 했습니다. 그녀는 남편과 가족에 대해 화가 나 있었고 좌절감을 느끼고 있었습니다. 그녀는 자신의 삶을 견딜 수가 없었습니다. 그녀는 우울했고 외로웠으며 아무도 그녀의 이야기를 들어 주지도, 들으려고도 하지도 않는다고 느꼈습니다. 이해받을 수 있다는 희망이 사라지자, 그녀는 모두가 자러 갈 때까지 기다렸다가 크리스마스 트리 아래 놓인 선물들 옆에 약을 먹고 누워 있을 계획을 세웠습니다. 거기에 누워 있으면 가족이 아침에 자신을 발견할 것이라고 상상했습니다.

나는 수많은 자살 계획에 대해 들어 보았지만 이번 이야기를 들으니 솔직히 화가 났습니다. 그래서 헬렌에게 그렇다고 이야기했습니다.

"왜 당신이 화가 나죠?"

그녀가 말했습니다.

"나는 죽으려고 하는 사람이잖아요."

"가족에게 무슨 말을 하려는 겁니까?"

내가 물었습니다.

"그들을 사랑한다고요."

그녀가 말했습니다.

"그들을 사랑한다고요?"

"글쎄요, 내가 없어져서 눈앞에서 사라지면, 그들은 훨씬 더 잘 지낼 수 있을 거예요. 내가 더 이상 잔소리를 하지 않을 테니까요. 걱정 마세요."

헬렌이 말했습니다.

"그들은 잘 극복할 거예요."

"나는 절대 그렇게 생각하지 않습니다."

내가 말했습니다.

"나한테는 '당신들이 나한테 어떤 짓을 했는지 보라고! 난 자살을 했어.' 라고 말하는 것 같습니다. 당신은 그들이 결코 잊을 수 없는 방식으로 그렇게 말하는 것입니다."

"어떻게요?"

헬렌이 말했습니다.

"가족은 당신이 자살로 크리스마스를 망쳐 놓았기 때문에 다시는 크리스마스를 즐길 수 없게 될 것입니다. 크리스마스 시즌이 돌아와도 더 이상 흥겨워하는 일은 없을 것입니다. 다시 그러려면, 아주 오랜 시간이 지나야 할 것입니다. 아마도 지금부터 두 세대는 지나야 당신이 어떻게 죽었는지를 잊어버리게 될 것입니다."

분노 때문에 헬렌은 전통적으로 일 년 중에 가족에게 가장 행복한 날을 선택해서 자살을 하려고 한 것입니다. 이것이 그녀의 남편과 자녀들에게 어떤 의미일지에 대해 솔직하고 긴 대화를 나눈 끝에, 그녀는 그들과 자기 자신에 대한 분노가 정말로 있었다는 것과 그것이 강하고 파괴적이었다는 것을 받아들일 수 있었습니다. 나는 그녀에게 예를 들어 설명했습니다. 그녀는 장전된 총을 아이들의 손에 쥐어 주는 것인데, 아이들이 어느 날 그 총으로 자기들을 겨눌지 모른다고 말입니다.

이 말은 헬렌을 겁에 질리게 했습니다.

"몰랐어요……."

그녀가 말했습니다.

"그런 식으로는 생각해 보지 않았어요."

헬렌이 그녀가 사랑한다고 말했던 사람들에게 그녀의 자살 결과가 어떤 의미일지, 그 희생자들이 얼마나 고통을 받을 것인지, 얼마나 오랫동안 고통을 받을 것인지를 전부 이해하게 되면서, 자신의 분노의 깊이에 대해서도 이해하게 되었습니다. 그러고 나서 그녀는 도움을 받아, 긍정적인 일들을 하기 시작했습니다. 그리고 상황이 달라지기 시작하는 것을 보면서 헬렌은 자살 계획을 버렸습니다.

헬렌은 다른 많은 사람과 마찬가지로 마음속에 사랑이 있는 괜찮은 사람이었습니다. 그러나 자살 논리에 사로잡힌 다른 많은 사람처럼 그녀는 모든 부분, 모든 가능한 결말, 모든 결과를 살펴보지 못했습니다. 분노와 고통에 눈이 멀어, 계획을 실행에 옮기면 어떤 일이 생길 것인지를 전부 보지 못했습니다. 자신이 줄 수 있는 상처의 실체를 보기 시작했을 때, 그녀는 자기 자신만을 죽이는 것이 아니라 그녀가 사랑했던 사람들도 함께 죽이는 것이라는 사실을 깨달았습니다.

만일 혹시라도, 당신이 헬렌이 생각했던 것과 같은 생각을 하고 있다면, 어떤 이유로 인해서 누군가에게 복수를 하기 위해, 그리고 그들이 당신을 어떤 식으로 망쳐 놓았는지를 보여 주기 위해 자살을 하려고 한다면, 헬렌이 나에게 했던 이야기를 떠올려 보기 바랍니다.

"그들에게 상처 주길 원했던 것 같아요. 나는 그들이 나를 얼마나 힘들게 했는지 알기를 원했어요. 만일 내가 그들을 떠나 버리면, 그들이 나를 상처받게 한 것보다 더한 상처를 내가 줄 수 있다는 것을 보여 줄 수 있다고 생각했어요. 자살을 하는 것이 이기적이라고는 결코 생각하지 못했어요. 이제 그렇다는 것을 알겠네요."

나는 당신이 자살에 대해 생각하고 있는 이유를 알지 못합니다. 그것들은 지금 당신에게 합당한 것일 것입니다. 만일 당신이 그 이유를 설명할 수 있다면, 내가 보기에도 합당한 것일 수 있습니다. 하지만 당신의 이유가 얼마나 좋든, 그럴듯하든, 합당하든 간에 자살은 혼자만 관련된 단순하고 조용한 일이 아니라는 것을 이해하기 바랍니다. 그것은 마치 당신을 아는 모든 사람에게 둘러싸여 있는 상태에서 수류탄의 핀을 뽑는 것과 같습니다.

맞습니다. 그들 중 어떤 사람들은 당신을 좋아하지 않을 수도 있고, 어떤 사람들은 심지어 당신을 싫어하기도 할 것입니다. 정말로 당신이 핀을 뽑아서 자살에 성공하게 될 수도 있습니다. 그러나 수류탄이 폭발하면, 당신 주변의 모든 사람에게 그 파편이 튀고 그들도 역시 희생자가 될 것입니다. 당신을 위해 그리고 그들을 위해, 나는 당신이 이것을 알아야만 한다고 생각합니다.

17

시간이 치유해 줍니다

지금까지 이 책을 전부 또는 거의 다 읽었다면, 내가 이 책을 쓴 목적이 아주 간단한 결말을 위한 것, 즉 당신을 멈춰 세워서, 상황을 좀 더 신중하게 생각해 보고, 자살 결정을 재고할 일말의 시간을 당신에게 벌어 주려는 것이었다는 점을 이미 알아차렸을 것입니다. 우리의 관계에 한계가 있기는 하지만, 이런 작업이 상당 부분 이루어졌기를 바랍니다.

당신이 처음 이 책을 집어든 이후 지금까지 많은 시간이 흘렀습니다. 때문에 당신의 상황에 어떤 변화가 일어나기 시작했을지도 모르겠습니다. 상황이 더 나아졌기를 바랍니다. 다음 장에서 나는 당신의 문제가 지속되는 경우에, 어떻게 그리고 어디로 전문적 도움을 청하러 갈 수 있는지에 대해서 이야기할 것입니다. 하지만 지금은 시간에 대해서 이야기를 하려고 합니다.

나는 이 장의 제목을 "시간이 치유해 줍니다"라고 붙였습니다. 이것은 정말로 시간이 치유를 해 주기 때문입니다. 상담이나 정신건강 서비스를 기다리는 사람들에 대해 수행된 연구를 살펴보면, 단순한 시간 경과가 증상의 완화를 가져왔다는 결과가 많이 있었습니다. 때로 어떤 사람이 상담자를 만나기 위해서 일주일에서 몇 주까지 기다릴 때, 그를 그렇게 괴롭히고 약속을 잡게 만들었던 이유가 사라져 버리고, 그 사람은 더 이상 전문적 도움을 필요로 하지 않는 경우가 있습니다. 우리는 이 현상을 자발적 회복(spontaneous recovery)이라고 부릅니다.

자발적인 회복은 어려움을 겪던 사람에게 무슨 일이 있었는지, 왜 그의 기분이 나아졌는지를 우리에게 설명해 주지 못합니다. 자신의 어려움을 친구에게 털어놓았을 수도 있고, 직장을 구했을 수도 있고, 누군가를 사랑하게 되었을 수도 있으며, 스스로 약물 사용을 중단했을 수도 있고, 목사나 신부에게 고해를 한 후 마음의 평안을 얻었을 수도 있습니다. 우리는 그가 어떻게 더 나아지게 된 것인지에 대해 알지 못합니다. 하지만 나아졌다면 감사할 일이죠.

우리가 아는 것은, 시간이 가면서, 어려움을 겪던 많은 사람의 기분이 점차 나아지고, 그들이 보였던 증상이 어떤 것이든 간에 사라지기 시작한다는 것입니다. 이것은 그 사람이 자신을 위해 무언가를 한 것일 수도 있고 상황이 나아져 저절로 위기가 지나간 것일 수도 있습니다.

아마 다음 두 가지 일을 명심해 두면 좋을 것입니다. 자살 위기를 포함한 모든 위기는 한시적이라는 점입니다. 그 특성상, 위기는 지속될 수가 없습니다. 뭔가가 일어나기 마련입니다. 궁극적으로는 당신을 자살하지 않도록 해 줄 뭔가가 일어날 것입니다. 단순히 시간이 경과됨으로 인해 상황이 악화될 수도 있지만, 단순한 시간의 경과로 인해 상황이 좋아질 수도 있습니다. 당신이 자신의 미래를 완벽하게 알지 못한다면, 실제로 상황이 악화될 것이라고 확신할 수는 없습니다. 비록 당신이 상황은 늘 악화되기 마련이라고 믿을 수는 있지만, 그것은 단지 신념일 뿐이고, 자살 사고의 논리와 함께 움직이는 그리 합리적이지 못한 생각 중 하나일 것입니다.

평범한 사람들, 평범한 문제들

두 번째로 당신이 생각할 것은 대부분의 사람이 자살하기를 바라는 이유가 그렇게 끔찍한 것은 아니라는 점입니다. 이와는 반대입니다. 무슨 이유로 당신이 자살을 생각해 왔든 간에, 당신의 문제가 지금은 얼마나 견딜 수 없고 당황스러운 것으로 보이든 간에, 미래의 어느 시점(몇 주 뒤나 몇 달 뒤에)에서 그런 같은 이유를 바라볼 수 있다면, 그것이 충분한 이유가 못된다고—나는 그러길 바랍니다—또 어쩌면 우습다고 생각할 수도 있습니다. 많은 내담자가 자살 위기가 지나간 뒤, "생각해 보니까, 내가 그런 것 때문에 거의 자살을 할 뻔 했더라고요." 하고 내게 말했습니다.

내가 말하고자 하는 요지는 대부분의 사람이 자살을 하려는 이유는 평범한 인간 경험—우울함, 재정적 어려움, 모욕, 짝사랑, 결혼생활의 실패, 학교나 직장에서의 무리한 압력, 우리의 자존심에 이런 저런 상처를 받는 것—의 범위 안에 들어가는 것이라는 점입니다. 이런 스트레스, 상실, 외로움, 우울함 그리고 분노는 그 밑바탕에 친근한 연결고리를 가지고 있습니다—이것들은 전부 보편적인 인간 경험의 영역 안에 들어가는 것입니다. 당신은 나와 마찬가지로 이 책에서 다룬 사람들과 다를 바가 없습니다. 우리는 모두 서로가 서로의 이웃입니다.

그러면 당신은 다음과 같이 물을지도 모르겠습니다. '우리가 인생의 그런 위기들을 어떻게 헤쳐 나갈 수 있습니까?' 어떤 통계치에서 당신이 얼마나 위안을 받을지는 모르겠지만, 보통사람들(우리 모두) 중의 50%가 인생의 문제에 대한 해결책으로 자살을 심각하게 고려해 보았다는 연구 결과를 아는 것이 도움이 될 수 있을 것입니다. 다른 연구들은 전체 인구 집단의 60%에서 80%가 문제해결 방법으로 자살을 생각했다는 결과를 보여 주었습니다.

이것이 우리에게 시사하는 바는 무엇일까요?

첫째로 이 수치들은 자살에 대해 생각하는 것이 비정상보다는 정상에 가깝다는 것입니다. 만일 당신이 거리에서 지나치는 사람들의 반 이상이, 적어도 당신이 고려하고 있는 것을 고려해 본 적이 있다면, 당신이 우리 나머지 사람들과 얼마나 다를 수 있을까요?

그런데 이런 수치에는 중요한 부분이 있습니다.

질문: 왜 이 모든 사람이 자살을 하지 않는 걸까요?

내 생각에 정답은 시간이라는 진정제에 있는 것 같습니다. 자살에 대해 생각하는 대부분의 사람이 목숨을 끊지 않는 이유는, 비록 전문적인 도움을 받지 않아도, 일종의 자발적 회복을 경험하기 때문입니다. 상황은 변합니다. 그들의 여건은 변합니다. 그들이 경험하는 고통은 줄어듭니다. 그들의 상처와 분노는 약해집니다. 그들은 친구들에게 약간의 도움을 받고, 자신이 하나님과 가까워졌다는 것을 발견합니다. 마침내 누군가 그들에게 귀를 기울입니다. 그들은 통제감과 통달감을 다시 느끼기 시작합니다. 뭔가 좋은 일이 하나 생깁니다. 천 가지 중 어느 하나에서라도 변화가 일어납니다. 그러면 어느 정도, 조만간 위기가 지나가면서 호수에 내렸던 소나기가 지나가듯 바람도 멈추고 파도도 잠잠해지고 방금 전까지도 존재하지 않았던 통행로가 열립니다.

나는 당신이 목숨을 끊겠다는 결심을 했다고 해도 며칠이나 몇 주 안에 자살을 결정한 이유들이 점점 줄어드는 것을 발견할 수 있을 것이라고 확실하게 말할 수 있습니다. 오늘은 그렇게도 참을 수 없고 불가능해 보이던 것이 미래의 어느 지점, 어느 시점에는 단지 나쁜 기억이 될 것입니다. 내가 당신에게 묻습니다. 어떻게 자살을 고려했던 수백만 명의 사람들이 지금도 살아 있을 수 있을까요?

18

도움을 받는 것

얼마 전에 들은 이야기입니다. 심리학자인 내 친구 존은 대학병원에서 근무하는데, 손목을 칼로 그은 후, 대학 캠퍼스를 가로질러 응급실로 걸어 들어온 젊은 여학생을 보았다고 했습니다. 그녀는 양쪽 손목에 피를 흘리며 간호사에게 말했습니다.

"도움이 필요해요."

그녀는 도움을 청했고, 도움을 받았습니다. 그러나 존과 나는 그녀가 왜 먼저 손목부터 그어야만 했는지 의아했습니다.

이런 책을 읽는 것이 장기적으로는 도움이 될지 모르겠지만, 이 장에서 내가 이야기하고자 하는 것은 목숨을 위태롭게 하는 어떤 행동을 하기 전에 도움을 청하라는 것입니다. 지역정신건강센터의 소장으로서 나는 우리가 얼마나 긴 대기자 명단을 가지고 있건 간에, 우리에게 전화를 해서 자살에 대해 생각하고 있다고 말하는 사람은 누구나 그날 또는 적어도 그 다음 날 아침에 우리를 만날 수 있다는 것을 보장합니다. 그리고 당신이 사는 지역에 있는 위기클리닉, 정신건강센터, 또는 다른 정신건강과 관련된 위기관리기관에서도 마찬가지일 것입니다. 자살 예방은 우리가 존재하는 주요 이유 중 하나입니다.

꺼리는 마음

상담 장면에서 일하고 있는 우리는 사람이 누군가에게 손을 내밀어 도움을 청한다는 것이 얼마나 힘든 일인가를 잘 알고 있습니다. 그렇게 한다는 것은 우리가 어떤 문제를 스스로 해결하는 데 실패했다는 의미입니다. 우리가 그동안 보고 듣고 배운 것은 독립적이 되어야 하고 자기 문제는 스스로 알아서 해결해야 한다는 것이었기 때문에, 위기의 순간에 누군가에게 도움을 청한다는 것이 그렇게 어려운 일이 될 수 있는 것입니다. 여자들에게 도움을 청하는 것이 힘든 일이라면, 남자들에게는 거의 불가능의 수준입니다.

최근에 나는 알코올 중독 치료 때문에 병원에 입원한 젊은 남자와 이야기를 할 기회가 있었습니다. 그가 자살 생각을 하고 있었기 때문에 그를 만나보게 되었습니다. 직업이 벌목꾼인 샘은 남자들이 도움을 청하는 것에 대해 어떻게 느끼는지를 보여 주는 좋은 예라고 할 수 있습니다.

"자살하려고 시도했던 적이 있나요?"

내가 물었습니다.

"실제로 한 적은 없어요."

샘이 말했습니다.

"실제로 한 적은 없다고요?"

"글쎄요, 한 번 낭떠러지로 트럭을 몰고 간 적은 있었죠."

그 말을 하고는 신경질적인 웃음을 조금 비쳤습니다.

"아주 높은 낭떠러지는 아니었어요."

"그런 경우가 또 있었나요?"

"강에서 멀리까지 헤엄쳐 간 적이 있었어요. 술에 몹시 취해서요. 하지만 물에 빠져 죽진 않았어요."

"전에 도움을 청해 본 적이 있었나요?"

내가 물었습니다.

"내가요? 웃기는 소리! 아니요! 아무 도움도 필요 없어요!"

그리고 샘은 술에 중독되고, 삶은 엉망진창이 된 채로, 여기 병실에 앉아 있는 것입니다. 샘의 인생은 지난 10년 동안 급속도로 무너져 갔습니다. 중독이 된 동안 그는 여러 번 자살에 대해 생각했으며 몇 번이나 목숨을 건 도박을 해 왔습니다. 그러나 그는 결코 도움을 청할 생각을 하지 않았습니다. 그가 도움이 필요할지 모른다는 생각을 한 적이 있다 해도, 그는 도움을 청하지 않았을 것입니다—그것은 '남자답지' 못한 일이었습니다.

당신은 샘의 경우가 예외적이라고 생각할지도 모릅니다. 나는 그렇게 생각하지 않습니다. 내 생각에는 그것이 일반적인 것 같습니다—특히, 남자들에게 말입니다. 도움을 청하는 데 있어서 여자들은 남자들보다 훨씬 더 똑똑합니다.

샘 이야기의 요점은, 그는 어쩌면 당신처럼 전화기를 집어 들고, 그가 생각하고 있는 것, 그가 느끼고 있는 것, 그리고 그의 생활이 얼마나 엉망이 되었는지에 대해 누군가에게도 말할 수 없었다는 것입니다. 어쩌면 그는 자신의 문제가 그렇게 심각하지 않다고 생각했는지도 모릅니다. 나는 잘 모르겠습니다. 하지만 내가 아는 것은 자살에 대해 생각을 한다는 것만으로도 도움을 청해야 할 이유가 충분하다는 것입니다. 사람한테 다른 무슨 이유가 더 필요하겠습니까?

손 내밀기

거의 모든 지역에서 전화상담 서비스나 핫라인, 또는 응급전화라고 부르는 것, 자살예방센터나 정신건강센터를 운영하고 있으며, 보통 그 전화번호는 그 지역 전화번호부에 인쇄되어 있을 것입니다. 대부분의 작은 지역 단위에서는 인근 도시의 위기상담 전화번호가 기재되어 있을 것입니다. 그 번호들은 오직 한 가지 이유로 존재합니다. 바로 당신을 위해서입니다.

하루 24시간 동안 전화기 옆에서 당신을 기다리고 있는 사람들은 아주 좋은 사람들입니다. 이들은 보통 전문가의 지도감독하에 훈련을 받은 자원봉사자들이며 당신과 같은 사람들—위기에 처해 있거나, 어려움을 겪고 있거나, 자살을 생각하고 있는 사람들—이 연락할 수 있도록 대기하고 있습니다. 나는 이 자원봉사자들을 잘 알고 있습니다. 나를 믿으십시오. 그들은 당신이 전화하기를 기다리고 있습니다. 이것이 바로 그들이 자신의 시간을 지역사회와 당신을 위해 기꺼이 바치는 이유입니다.

당신이 잘 모를 경우를 대비해서 이야기하자면, 위기상담 전화에서 통화한 모든 내용은 완벽하게 비밀이 보장됩니다. 당신은 이름도 말할 필요가 없습니다. 당신은 말 그대로, 그런 번호 중 하나에 전화를 걸어 당신을 괴롭히고 있는 것들에 대해서, 경청하는 법과 당신의 어려움의 크기와 모양을 구분해서 필요하다면 당신에게 가장 도움이 될 수 있는 사람이나 기관을 소개할 수 있도록 훈련받은 사람들과 잠시 이야기를 나누는 것입니다. 물론 어쩌다가 당신에게 별로 도움이 안 되는 것 같은 사람과 통화를 하게 되는 경우도 있을 것입니다. 하지만 그런 일이 생기면, 다른 때에 다시 전화를 할 수 있습니다. 요지는 자원봉사자의 어느 한 부분에 대해 실망스러웠다고 해서 위기 상담전화에 대해 단정을 내리지는 말라는 것입니다. 즉, 계속 시도해 보라는 것입니다.

전문적 도움

당신이 전문적인 정신건강 서비스나 치료에 대해 좀 더 정보를 얻고 싶거나 당신에게 가장 적합한 도움의 형태를 알아보기 위한 방법에 대한 안내를 필요로 한다면, 내가 쓴 다음의 책을 참조할 수 있습니다. 제목은 『어려움을 겪고 있는 사람들을 위한 책: 심리치료와 심리치료자의 세계로의 안내(The Troubled People Book: A Consumer' s Guide to the World of Psychotherapy and Psychotherapists, Continuum, New York, N.Y. 1985)』입니다. 그러나 지금-여기에서 당신이 참조할 수 있도록, 기본적인 사항과 강조점에 대해 간단히 설명하도록 하겠습니다.

일반 의사 늘 우리는 문제가 생겼을 때, 정서적인 것까지 포함해서, '주치의(family doctor)' 를 만나 보라는 이야기를 듣습니다. 나는 개인적으로 이 충고가 일반적으로 정서적인 위기에 처한 사람들에게는 적당하지 않다고 생각합니다. 어떤 아주 예외적인 경우라거나 정신과 의사를 제외한 대부분의 일반 의사는 정서적인 어려움을 겪고 있는 사람들을 돕는 과정에 대한 적절한 수련을 받았거나 풍부한 경험을 가지고 있지 않습니다. 이 바쁜 전문가들은 대개 삶의 문제가 매우 심각하고 자살을 생각하는 사람들의 이야기를 경청할 시간이 없습니다. 많은 의사가 15분 스케줄(한 환자당 15분)에 따라 환자를 보기 때문에 한 시간씩 자리에 앉아 어려움에 빠진 사람들의 이야기를 들어 줄 수가 없습니다.

그 결과, 비극적이게도 의사를 찾아갔다가 얼마 뒤 자살을 한 사람들이 많습니다. 때로는 의사를 만난 날 자살을 하기도 합니다. 더 중요한 것은 자살을 시도한 많은 사람이 의사가 제공해 준 바로 그 약을 자살에 사용했다는 것입니다. 어떤 의사도 자살하려는 사람에게 고의적으로 치명적인 양의 약을 주지는 않을 것입니다.

그러므로 만일 당신이 자신의 문제를 상의하러 의사를 찾아간다면 당신이 자살 생각과 감정을 겪고 있다고 밝히는 편이 좋을 것입니다. 만일 그가 그 문제에 대해 당신과 이야기하고 싶어 하지 않거나, 당신의 이야기를 들어 주기에는 너무 바쁜 것 같은 인상을 받는다면, 또는 당신의 이야기를 들어 줄 다른 사람에게 당신을 의뢰하지 않는다면, 제발 수련을 받았고, 시간이 있으며, 정서적인 어려움이나 자살 위기가 어떤 것인지를 이해하는 사람을 스스로 찾아가십시오.

나는 많은 의사를 알고 있습니다. 그들은 대부분 당신이 자살하고 싶은 마음이 든다고 이야기하면 어떻게 해야 할지를 정확하게 알고 있습니다. 그들은 대개 자신이 잘 알고 존경하는 정신과 의사나 심리학자에게 당신을 의뢰할 것이며, 그들이 의뢰한 의사들에게 연락해서 당신이 필요로 하는 도움을 잘 받았는지에 대해 확인할 것입니다.

그러므로 제발 기억하십시오. 의사는 점쟁이가 아닙니다. 당신이 아무리 우울하고 절망적인 기분이라 하더라도 의사가 당신의 내부에서 벌어지는 일들에 대해 알 것이라고 믿으면 안 됩니다. 그는 의례적으로 당신에게 자살을 생각하고 있냐고 묻지 않을 가능성이 많습니다. 그러므로 힘들겠지만 당신이 지금 어떤 감정인지에 대해 표현해야만 합니다.

정신과 의사 의학계통 전문가 중에서 정신과 의사는 당신이 직면하고 있는 문제가 어떤 것이든, 자살을 생각하게 만드는 문제들에 대해 당신을 도울 수 있도록 수련을 가장 잘 받은 사람들입니다. 정신과 의사들은 인간 행동 영역에서 수년간의 전문화된 수련을 마쳤습니다. 그들은 자살 사고에 대해 잘 알고 있으며, 전문적인 활동의 대부분을 우울함이나 분노, 외로움 그리고 사람들을 비참하고 불행하게 만드는 온갖 일들을 겪는 사람들을 돕는 데 사용했습니다.

정신과 의사는 약을 처방하는 자격을 보유한 유일한 정신건강 전문가이기 때문에 만일 당신이, 예를 들어 심각한 우울증과 싸우기 위해 약이 필요하다고 생각한다면, 반드시 첫 번째 진료 약속은 정신과 의사와 하거나 정신과 의사가 고용된 클리닉이나 지역정신건강센터로 잡으십시오. 다른 유형의 전문가들—다른 진료과목의 의사들을 포함해서—을 만나는 데 당신의 시간과 돈을 쓸 이유가 없습니다. 그들이 당신을 괴롭히는 문제들을 적절하게 진단하고 치료할 수 없다면 말입니다.

심리학자 심리학자는 심리학 영역에서 학위를 소지한 사람으로, 환자에게 정신건강 서비스를 제공하려면 주(국가)의 자격증을 소지해야 합니다. 그들은 철학박사나 교육학박사 학위를 받았을 것이지만, 어떤 경우에는 상담이나 임상 영역이라고 전문화되어 있을 것이며, 인간 행동과 자살 생각과 감정을 포함해서, 삶과 연관된 문제들에 대한 광범위한 수련을 받고 경험을 쌓았을 것입니다. 심리학자들은 많은 장면—병원, 클리닉, 개인적 개업 등—에서 일하고 있으며, 정신과 의사나 일반 의사와 협력적인 관계를 유지하고 있고, 의학적 평가가 필요하거나 적절한 약물이 정서적인 어려움에 도움이 되는 경우에는 당신을 그들에게 의뢰할 수 있습니다.

사회사업가 내가 여기에 포함시킨 다른 전문가들과 마찬가지로 사회사업가는 전문적인 도움을 제공하는 이질적으로 구성된 집단이며, 그들 중 상당수 또는 대부분이 임상 장면에서 수련을 받습니다. 모든 사회사업가가 수련받은 심리치료자는 아니지만 대부분은 이 영역에 전문화되어 있으며 당신의 문제를 도울 수 있는 다른 정신건강 전문가들과 마찬가지로 유능합니다. 전문적 활동을 위한 그들 내부의 기준에 따르면 사회사업가는 사회사업에서 박사학위를 소지해야 하며 주(국가) 자격증을 보유하고 이상적으로는 National Academy of Certificated Social Workers의 회원이어야 합니다. 이 ACSW(Academy of Certificated Social Workers)는 당신의 지역에서 적절한 기술과 자격을 갖춘 사회사업가를 찾을 수 있는 가장 좋은 지침을 제공할 것입니다.

정신과 간호사 간호사들은 그 전문직이 시작된 이래로, 늘 정신건강 팀의 한 부분이었습니다. 좀 더 최근에는 정신과 간호로 특화된 영역이 발달되었고, 그 수련을 받은 간호사들이 어려움을 가진 사람들을 돕는 데 점점 더 많이 활용되고 있습니다. 많은 간호학교가 이제 정신과 간호의 박사과정(어떤 곳은 철학박사 학위를 주기도 합니다)을 제공하며 지역사회에서 일하도록 합니다. 때문에 그들이 적절한 모든 수련을 받았을 것이며, 위기에 처한 당신을 돕고 이해할 수 있는 경험을 쌓았을 것이라고 안전하게 장담할 수 있습니다.

석사 수준의 임상가 전문적인 도움을 제공하는 영역에서 소위 'terminal master's degrees(역자 주: 석·박사 통합과정이 아닌 석사 학위만을 목적으로 하는 과정)'라고 부르는 것을 제공하는 학교가 많이 있습니다. 이러한 것들은 여러 가지 이름으로 알려져 있지만 기본적으로 어떤 프로그램은 좋고 어떤 프로그램은 그리 좋지 않습니다. 어떤 주에서는 석사 수준의 치료자가 자격증을 갖출 것을 요구하지만 다른 주에서는 그렇지 않습니다. 이들 중 일부는 클리닉이나 정신건강센터에서 일할 것이며, 어떤 사람들은 개업을 해서 활동할 수도 있습니다. 어떤 사람들은 철학박사나 의학박사의 지도감독을 받았을 것이며, 어떤 사람들은 그렇지 않았을 것입니다. 그리고 이들 중 어떤 사람들은 훌륭한 치료자이겠지만 당신에게 가장 좋을 치료자가 누구인지를 안내해 주는 간단한 방법은 없는 것 같습니다(좋은 치료자를 '평가'하는 방법에 대해서는 조금 뒤에 제시하겠습니다).

목회자 많은 사람이 도움을 청하러 목사나 신부를 찾아가는데, 목회자들이 사람의 문제에 대해 잘 알고 있지만 그들이 특별히 상담 관련 수련을 받은 것은 아니라는 점을 이해하는 것이 중요합니다. 그러나 점점 더 많은 목회자가 소위 임상적 목회상담(Clinical Pastoral Counseling)이라고 하는 분야의 지도감독과 수련을 받고 있으며, 만일 당신이 교회나 지역사회에서 이런 배경을 가진 사람을 찾을 수 있다면, 당신의 어려움을 해결하도록 도울 수 있는 능력과 경험을 갖춘 사람을 찾았다고 확신할 수 있습니다.

당신의 신부나 목사가 그런 특정한 수련을 받지 못했다고 해서 그가 당신을 돕기에 적합하지 못하다고까지 말할 것은 없습니다. 그보다는 단지 그가 어떤 과정을 이수하지 않았고 어떤 자격 요구 조건을 충족시키지 못한 것이라고 단순히 생각하면 됩니다. 내가 아는 대부분의 목사는 수 많은 상담을 하였고, 당신을 괴롭히는 문제에 대해 자신이 적합하지 않다고 느끼면, 당신을 더 잘 도울 수 있는 다른 사람에게 의뢰할 것입니다.

약물 그리고 알코올 전문가 대부분의 약물 그리고 알코올 전문가들은 자살 위기에 처한 사람들을 돕는 방법을 포함해서 인간 행동에 대한 광범위한 수련을 받습니다. 그러나 상대적으로 새로운 전문가 집단이 그러한 것처럼 이런 상담의 수련과 경험이 균등한 수준이라고 할 수는 없으며, 그렇기 때문에 그들 모두가 자살 위기에 처한 당신을 돕는 데 유능할 것이라고 말할 수는 없습니다. 그러나 당신이 술이나 약물을 하는 동안에, 또는 기분이 들떴다가 다시 가라앉은 후에 자살 사고와 감정이 나타난다면, 당신의 문제는 화학물질의 사용 또는 남용에서 생겼을 가능성이 매우 크다고 믿을 만하며,

약물이나 알코올 전문가와 함께 상담 작업을 시작하는 것이 바람직할 것입니다. 또한 어떤 심리학자, 정신과 의사, 사회사업가, 석사 수준의 치료자들도 물질 의존 영역에 특화되어 있을 수 있습니다. 당신이 약물이나 술과 관련된 문제를 가지고 있다면 이들이 바로 자문을 구해야 할 최고의 전문가일 것입니다.

좋은 치료자를 찾기 위한 다섯 단계

의뢰 요청하기 일단 당신이 전문적인 도움을 받기로 결심했다면, 만나 볼 사람의 이름을 알 필요가 있을 것입니다. 의뢰라는 것은 추천과 비슷한 것으로, 당신을 잘 아는 사람에게 의뢰를 받는 것이 가장 빠른 방법입니다. 친구에게 물어보거나, 의사에게 전화를 하거나, 정신건강센터에서 일하는 사람에게 문의하거나 또는 위기상담전화에 연락해서 물어보십시오. 많은 지역사회 기관들이 무료 정보와 의뢰 서비스를 제공하고 있습니다.

나는 당신이 여러 사람에게 이야기를 해서 추천인의 목록을 얻기를 권합니다. 대부분의 사람은 그들이 잘 알고 존경하는 세 사람 정도의 이름을 줄 것입니다. 당신은 같은 이름이 여러 번 반복되는 것을 발견할 가능성이 큽니다. 그들에게 전화를 하십시오—그들이 바로 가장 평판이 좋은 사람들입니다.

자격증 확인하기 당신이 의뢰를 받아들여 누군가를 만나러 가기로 했지만 여전히 불편한 마음을 가지고 있다면, 당신이 할 수 있는 일들이 몇 가지 있습니다. 첫째는 그들이 속한 전문적 조직(지역 의사협회, 심리학회, 사회사업가연합 등)에 전화를 해서 당신이 의뢰받은 사람이 적절한 지위를 가진 구성원인지를 확인하는 것입니다. 둘째는 그 전문가에게 직접 전화를 해서 그와 전화로 면담을 할 수 있습니다. 좀 어색하게 느껴질 수 있겠지만, 그의 소속과 자격증, 수련 배경에 대해 의문스런 점이 있다면 반드시 질문해 보십시오. 대부분의 치료자는 그러한 질문에 대해 기꺼이 응답합니다. 만일 그렇지 않아 보인다면 다른 사람을 찾아보십시오.

치료적 접근이나 스타일에 대해 질문하기 당신이 대부분의 사람처럼 치료자를 만나는 것에 대해 확신이 서지 않는다면, 그들에게 전화를 해서 당신이 궁금해하는 모든 질문을 자유롭게 해 보십시오. 전화를 하기 전에 질문거리를 적어 놓는 것이 도움이 될 것입니다. 혼자 찾아가야 하는지 아니면 배우자나 가족과 함께 가야 하는지, 어떤 종류의 치료를 하는지, 비용은 얼마인지 등을 물어볼 수 있습니다. 전화로 그와 30분 동안 통화를 하라고 제안하는 것이 아닙니다. 하지만 첫 번째 상담 약속을 위해 찾아갈 때 당신이 편안하게 느끼기 위해 필요한 모든 질문에 대한 대답을 들으라고 제안하는 것입니다.

첫 번째 방문은 자문(consultation)이 되도록 부탁하기 때로는 첫 번째 약속이 자문을 받는 시간으로 활용할 수 있도록 요청하는 것이 상담 작업으로 곧장 들어가는 것보다 더 현명한 일일 수 있습니다. 어떤 치료자들은 이 첫 번째 방문에 대해 상담비를 받지 않습니다. 자문과 치료의 차이점은 당신이나 치료자가 일련의 상담 회기를 위한 작업으로 들어가지 않는다는 데 있습니다. 그 대신에 한 시간 동안 서로 상대방이 함께 작업할 수 있는 사람인지에 대해 결정할 수 있습니다. 나는 이 단계를 강력하게 추천합니다. 모든 사람이 사람을 한 번 보고 좋아하는 것은 아니며, 치료에 대해 부정적인 인상을 가지게 되는 것은 치료를 전혀 받지 않는 것보다 더 나쁠 수 있습니다.

마음이 놓이지 않으면, 다른 사람을 알아보기 확실한 상담자들의 목록을 가지고 한 사람을 만나 보았는데, 소개받은 상담자가 당신과 잘 맞는 것 같지 않다고 느낄 수 있습니다. 그렇다면 반드시 다른 사람을 만나 보십시오. 그 치료자가 당신을 도울 수 있을 것인지(또는 그가 너무 차갑거나 너무 무관심하거나 너무 유별나 보이거나 또 어떤 이유건)에 대해 확신을 하지 못하겠다면, 목록에 있는 다음 사람에게 전화를 하십시오. 필요한 도움을 받으려고 하는데 그냥 대충 넘기기에는 당신의 인생이 너무나 소중한 것이지 않습니까?

어떤 유형의 전문가입니까

정신건강 전문가들의 광범위한 스펙트럼에 친숙하지 않는 대부분의 사람은 도움을 청하기로 일단 결정한 후에 다음의 질문을 할 것입니다.

"내가 누구를 만나야 하지?"

여기에 대해 쉽게 대답할 수 있기를 바라지만, 솔직히 치료자의 세계는 복잡합니다.

그러나 일반적인 첫 번째 원칙은 당신의 문제가 심각할수록 수련을 많이 받은 치료자를 만나야 한다는 것입니다. 당신이 심각한 우울증이나 불안정한 기분의 변화, 직장이나 학교에서 정상적으로 기능할 수 없게 하는 정서적인 문제로 고통받고 있다면 (그리고 특히 어떤 약물이 필요한 경우에) 우선 정신과 의사를 만나는 것으로 시작해야 합니다. 정신과 의사를 개인적으로 만나는 데 비용이 너무 많이 든다면 정신과 의사가 일하고 있는 정신건강센터나 외래 클리닉을 알아보십시오.

내 경험상 대부분의 자격 있는 치료자는 당신이 정신과 의사를 만날 필요가 있는 순간을 잘 알고 있습니다. 그리고 비록 당신이 정신과 의사가 아닌 사람을 만나는 것으로 시작했다 하더라도, 그들은 필요한 경우에 당신이 평가를 받고 약물을 복용하게 하기 위해 정신과 의사에게 의뢰할 것입니다.

정신건강 영역이 소비자에게 복잡해 보이는 이유의 상당 부분은 불행히도 우리 전문가들이 누구에게 어떤 일을 하는 데 누가 자격이 있는지, 얼마나 오래, 얼마나 많이 치료를 해야 하는지에 대해 논쟁을 벌이고 있기 때문입니다. 이런 것들이 상대적으로 새로운 전문 분야이기 때문에 아직 우리가 교통정리를 하지 못한 탓이라는 점을 기억해 두면 도움이 될 것입니다. 그러나 당신이 기억하기를 바라는 요점은 우리 사이의 차이점에도 불구하고 이 영역에서 어느 정도 일했던 우리 모두는 자살 사고와 감정에 대해 익숙하고 당신이 겪고 있는 위기가 어떤 것이든 당신을 돕기 위해 무엇을 해야 하는지를 알고 있다는 점입니다.

마지막으로, 나는 자살 위기를 겪고 있는 모든 사람에게 전문적인 도움이 필요하다고 생각하지 않습니다. 전문적인 도움 없이도 당신이 자신을 위해 할 수 있는 일은 많습니다. 운동을 하거나, 식사조절이나 영양식을 섭취하는 방식으로 자신을 좀 더 잘 돌볼 수 있으며, 교회에서 영적인 응답을 구하거나, 명상을 할 수도 있습니다. 당신은 비슷한 어려움을 겪고 있는 사람들이 모인 자조집단에 참여할 수 있으며, 자조 서적을 읽거나 당신의 삶의 진로와 방향 모두를 바꿀 자기계발 프로젝트에 착수할 수도 있습니다. 당신은 해로운 인간관계를 청산하거나 술이나 약물을 끊고 자신을 좀 더 잘 보살필 수 있습니다.

그러나 만일 이 모든 일이 실패로 돌아간다면, 제발 우리 자원봉사자들과 전문가들이 여기에 있다는 것을 기억하십시오. 당신의 전화를 기다리고 있습니다. 말 그대로 밤낮을 가리지 않고 말입니다.

19

인생철학

당신이 인생철학을 가지고 있는지 아닌지 모르겠지만 자살 결정에 대해 생각하고 있다면 당신은 인생철학을 가지고 있지 않은 것인지도 모릅니다. 어쩌면 최근에 삶이 너무나 참을 수 없는 것처럼 보여서, 무엇이 긍정적이고 무엇이 가치 있는 것이며, 무엇이 소중한 것인지에 대한 당신의 신념이 흔들렸을 수도 있습니다. 어쩌면 이 어둠의 시기에 당신은 어떤 목적, 의미, 계속 살아야 할 이유를 찾는 데 어려움을 겪고 있을 수도 있습니다. 당신이 어떤지 나는 알 수가 없습니다. 우리가 언젠가 어디선가 만나지 않는 한, 알 수 있는 방법이 없습니다.

그러나 당신과 비슷한 많은 사람과 작업을 해 오면서, 우리가 어려움을 겪는 동안에 우리에게 가장 필요한 것 중 하나가 비록 고통스럽고 실망스럽다고 할지라도 결국 삶이 죽음보다 낫다는 믿음이라는 것을 확실하게 알게 되었습니다. 그리고 이 신념이 우리가 무슨 말을 하고 무슨 행동을 하건, 바로 우리의 인생철학입니다.

나는 사람이 언제 어떻게 인생철학을 발달시키는지에 대해 잘 모릅니다. 어떻게 사람이 자신만의 특정한 가치관이나 생각, 신념, 원칙, 또는 그런 것들에 대해서 당신이 뭐라고 지칭하든 간에 그것들을 가지게 되는지에 대해 확실히는 모르겠지만, 나는 우리 모두가 인간 본성에서, 이 세상에서, 그리고 이 우주에서 우리가 차지하고 있는 고유한 자리에 대해 평가한다고 믿습니다. 그리고 나의 관점에서는 우리가 이런 자리에 대해 알지 못하고는 결코 완전할 수 없고 결코 유능할 수 없으며, 때로 제정신이 아닌 고통스러운 세상에서 결코 온전히 평화롭기 어렵습니다.

좀 더 중요한 것은, 우리가 진심으로 믿는 것에 대해서 알지 못하고 우리는 마치 위기의 바람에 이리저리 쉽게 흔들리는 풀잎과 같을 수 있다는 것입니다 우리 자신이나 신에 대한 확고한 믿음이나 신념의 중심이 없다면, 우리는 자기 의심의 희생자, 감정의 희생자, 그리고 적대감과 절망감의 희생자가 될 수 있습니다.

나는 종종 내담자들이 상담자를 만나면서 얻는 것의 상당 부분은 치료가가 한 행동보다는 그의 믿음과 관련이 있다는 생각을 합니다—이것이 내가 젊은 치료자들에게 인생에 대해, 그리고 사람의 영혼에 대해 따뜻한 시선으로 바라보라고, 상황을 극복하고 자신의 삶을 좀 더 나은 것으로 변화시키는 인간의 능력에 대해 긍정적으로 보라고 격려하는 이유입니다. 만일 치료자가 희망을 가지고 있지 않다면 내담자가 어떻게 희망을 품을 수 있겠습니까? 만일 치료자가 삶의 가치에 대해서 확실하게 말하지 못하고 죽음과 자살에 강경하게 맞서지 못한다면 고통받는 사람이 어떻게 그것을 할 수 있겠습니까?

내가 이 책을 쓰기 시작할 때, 자살의 윤리에 대해 구할 수 있는 모든 자료를 읽었습니다 — 합리적 자살의 사례, 본인들이 너무나 원할 때는 자살을 하도록 내버려 두는 사례, 누군가가 자살하는 것을 막기 위하여 법으로 강제하여 개입할 수 있는지 없는지에 대해 치료자가 믿는 바대로 개입을 할 권리가 있는지 없는지에 대해 논쟁하는 사례 등을 말입니다. 이런 자료들을 읽을 때 나는 전문가들이 이 주제에 대해 말하는 것의 상당 부분이 바로 그들의 개인적인 인생철학 — 인생의 가치, 그 고결함, 그 목적, 그리고 다른 사람이나 미래의 인류에 대한 유용성 — 의 표현, 그 이상도 이하도 아니라는 생각을 하게 되었습니다.

이것은 세상에서 어떻게 살아야 하는가 하는 윤리이자 철학입니다. 내가 전문가가 아니기 때문에 잘 모르겠습니다. 그러나 내가 그것들을 읽으면서 분명하게 알게 된 것이 하나 있습니다. 자살하려는 사람들과 내가 상담 작업을 하는 데 있어서 어떤 사람이 일단 나의 사무실을 찾아와 나의 참조의 틀 안으로 들어왔다면, 그들은 나의 가치 체계, 나의 개인적이고 철학적인 세계로 들어온 것이라는 점입니다. 그러므로 상담자이자 치유자로서 나의 결정은 언제나 내가 불

필요한 행위라고 간주하는 자살을 막기 위해 내가 할 수 있는 모든 것을 하는 것이 될 것입니다.

당신이 이 책을 거의 끝까지 읽으면서, 어떤 면에서 내가 당신을 속였다고 생각할지도 모르겠습니다. 어쩌면 내가 쓴 글을 읽기 전에 당신은 자신의 인생이 진정으로 살 가치가 없는 것이라는 어떤 정당화를 나에게서 찾고자 했는지도 모릅니다. 이 마지막 장에서 이제 당신은 내가 거의 모든 상황에서 자살 결정과 맞서 싸우는 적이라는 것을 발견했을 것입니다. 당신이 속은 느낌을 받지 않길 바랍니다. 그러나 당신이 그런 느낌을 받았다면 내가 의도한 대로 나의 목적을 바라 봐 주기를 바랍니다—그 목적은 당신이 살아야 할 이유를 스스로 발견할 때까지 살아 있게 하는 것입니다.

그러므로 이 책을 마무리하면서 나는 당신에게 인생철학에 대해 생각해 보도록 요청하려고 합니다. 혹시 당신이 느끼기에 자신이 인생철학을 가지고 있지 않다고 생각한다면 지금이 바로 그것이 필요한 때라고 생각하길 바랍니다—당신은 살아야 할 어떤 새로운 이유들을 찾아볼 필요가 있습니다. 당신의 인생, 당신의 목적, 당신의 장점과 단점, 당신이 성취한 부분과 실패한 부분에 대해 찬찬히 살펴볼 시간을 가진다면, 그 수고로 인해 당신은 더 강한 사람이 될 것이며, 당신이 일단 힘과 자기지식(self-knowledge)을 얻게 되면, 그것이 자살로 당신의 인생을 마감하려는 마음에 대한 최고의 방어책이 될 것이라고 확신합니다.

나는 10년 이상을 살면서, 인생이란 무엇인가, 삶이란 것이 사람에게 어떤 의미인가에 대해 어떤 신념을 발달시키지 않는 것은 불가능하다고 생각합니다. 그리고 그렇기 때문에 당신이 지금 몇 살이건 간에 당신은 어떤 것이 진실인지에 대한 생각을 가지고 있을 것이고, 비록 그렇게 생각하지 않는다 해도 이미 인생철학 같은 것을 가지고 있다고 봅니다. 그것은 종교적인 신념이나 영적인 신념, 사람이 어떤 존재인지, 어떻게 행동하는지, 어떻게 서로를 '대해야' 하는지에 대한 신념일 수 있습니다. 그리고 나는 당신이 스스로에 대해 이미 상당 부분 알고 있다고 믿습니다.

그러면 문제는 당신이 인생철학을 가지고 있느냐 없느냐가 아니라 당신이 가지고 있는 것을 확장하고, 더 풍부하게 하고, 어떤 방식으로 키워 나가서 좋은 플라이휠(역자 주: 기계의 회전 조절용 바퀴)처럼 돌고, 돌고 또 돌아 당신이 어두운 시기를 지나가게 해 줄 필요가 있다는 것입니다. 당신이 믿고 있는 것을, 그러니까 당신 인생의 의미가 무엇인지를 알지 못하면, 자신의 죽음에 대한 생각에 집착하게 되고, 어떻게 그것을 이룰 것인지를 생각하게 됩니다. 자살로 죽는다는 생각이 길고 외로운 밤 동안 우리 주위를 맴돌 것입니다. 그러나 내일 어떤 모습일 수 있다는 우리의 꿈이 우리가 사는 나날을 견딜 수 있고 노력할 가치가 있는 것으로 만들어 줍니다. 누군가 "꿈이 없으면 우리는 죽은 것이다."라고 말했던 것처럼 말입니다.

나의 인생철학은 중요한 것이 아닙니다. 그리고 비록 내가 오랫동안 열심히 내가 믿고 있는 것에 대해서 생각해 왔지만 누군가에게 내가 하는 방식대로 세상을 바라보라고, 또는 내가 느끼는 방식대로 느끼라고, 또는 내가 인간 조건에 대해, 그리고 그 종(種)의 한 일원이라는 것이 어떤 의미인지에 대해 내린 결론과 똑같은 결론을 내리라고 요구하지 않을 것입니다. 나의 철학은 나의 것입니다. 그것 중 어떤 부분을 공유할 수는 있지만 전부를 공유할 수는 없습니다. 그런 것을 기대해서도 안 될 것입니다. 나에게 중요한 것은 내가 개인적인 철학을 가지고 있다는 것과 내가 어려운 결정을 해야 할 때, 내적 일관성을 바탕으로 내가 스스로에게 상기시켰던 원칙에 따라 행동한다는 느낌으로 그것을 할 수 있다는 것입니다. 그것은 옳을 수도 있고 옳지 않을 수도 있습니다. 하지만 나는 그것을 가지고 있으려고 하며, 그것이 내가 어떤 사람인지를 구성하는 것이라고 말할 수 있습니다.

자신에게 선물을 주십시오

내가 지금 당신에게 부탁하고 싶은 것은 자신에게 매우 소중한 선물을 하나 주라는 것입니다. 그 선물은 바로 시간, 공간 그리고 인간 존재라는 것이 당신에게 어떤 의미고, 살아야 할 삶이라는 것이 당신에게 어떤 의미인지에 대해 정리할 수 있는 고요함입니다. 고백하건데, 이것은 영적인 탐구이며 실존적인 것이기도 합니다. 그리고 누군가 반박을 할지 모르겠지만 심리학은 철학적이거나 종교적이거나 영적인 것들을 간섭하는 학문이 아닙니다.

그러나 지금 이 순간은 다른 사람들이 나에 대해서 어떻게 생각하는지는 잠시 접어두고 진심으로 내가 믿는 것을 이야기하려 합니다. 그것은 당신이 자신의 내부를 들여다보고, 자신이 누구인지에 대한 어려운 탐색을 하기 시작할 때, 더 강한 사람이 될 것이라는 확고한 믿음입니다.

지금, 아마도 당신의 인생에서 가장 힘겨운 시기에 그런 탐색을 한다는 것이 어려울 것이라는 점을 잘 알고 있습니다. 우리가 다른 사람들의 신념을 우리 자신의 것처럼 그냥 받아들이는 것은 너무나 쉬운 일입니다. 우리는 패스트푸드와 편의점의 시대에 살고 있습니다. 나는 가끔 우리 모두가 무조건 빨리만 처리하려는 풍조의 희생자가 아닌가 하는 생각을 합니다. 그것이 우리 자신의 생각, 두려움 그리고 의문과 맞붙어 싸우고, 사랑을 위해 희생하는 것을 배우기보다는 자살과 같은 좀 더 간단한 해결책에 매달리게 하는 것 같습니다.

당신은 아무런 의심 없이 요즘 유행하는 말, '인생은 거지 같은 것이고, 결국은 다 죽게 되어 있다.' 와 같은 이야기를 듣습니다. 이 한 줄짜리 경구는 지금 유행어가 되었습니다. 하지만 이것이 사실입니까? 이것이 당신에게 진실입니까? 나도 일이 제대로 풀리지 않을 때, 이 짧은 구절을 중얼거린 적이 있습니다. 그러나 이 몇 개의 단어들은 인생에 대한 강력하고 부정적인 진술입니다. 내가 가끔 농담으로 그런 말을 하기는 하지만 그것이 언제나 어떤 상황에서나 진실이라고 믿지는 않습니다. 오히려 그 반대입니다. 나는 이렇게 말할 수 있습니다.

"인생은 소풍이다. 그러나 때로 개미들(역자 주: 방해꾼)을 만나기도 한다."

이 첫 번째 말은 내가 때때로 보이는 비관적인 생각을 정당화해 주는 말이고, 두 번째 것은 더 큰 그림을 볼 수 있도록 나에게 도전을 하는 말입니다. 그것들 중 어떤 것을 선택할 것인지는 나에게 달려 있습니다. 나는 의식적으로, 매일매일 선택을 합니다. 당신도 그렇게 하길 바랍니다.

여기서의 내 요지는 우리가 어떤 것을 어떻게 해서 믿게 되었건 간에 우리가 말하는 것을 진심으로 믿을 것인지에 대해 잠시 멈춰 서서 생각하고 결정해야 한다는 것입니다. 왜냐하면 자살 결정이 우리의 머릿속을 맴돌기 시작하면, 그 어려운 질문을 피해서 우리가 가진 유일한 인생에서 벗어나려고 하기 쉽기 때문입니다. 우리 자신에게 만일 "인생은 거지 같은 것이고, 결국은 다 죽게 되어 있다면…… 왜 지금 죽어서 끝장을 보면 안 되지?" 와 같은 말을 하는 것이 너무나 쉽기 때문입니다. 그건 너무 단순하고, 너무 간단하고, 너무 추상적이기 때문입니다. 그것은 백만 달러의 세상에 10센트의 가치도 없는 철학입니다.

그러므로 당신에게 묻고 싶습니다. 이제 자신을 위해 어떤 힘든 일을 하고, 자신에게 어떤 어려운 질문을 할 때가 아닐까요? 당신이 누구인지를 배우고 당신이 믿는 것이 무엇인지를 알아야 할 때가 아닐까요? 당신이 우리 나머지 사람들과 비슷하다면 당신은 거울 속 자신의 모습 중 어떤 면을 좋아하지 않을 것입니다. 그러나 그래서 어떻다는 것입니까? 완벽이라는 것은 하늘나라에나 있는 것입니다.

지금 우리는 이런저런 상처와 흉터, 나쁜 습관, 약점, 실패, 없어지길 바라지만 끈덕지게 붙어 있는 우리 성격의 못난 부분과 함께 어울려 살아가야 합니다. 지금 우리 모두는 우리 자신에 대해 좀 더 나은 이름을 붙일 필요가 있습니다. 그리하여 우리의 불완전함에도 불구하고 좋고, 소중하고, 애쓸 가치가 있는 것과 어울릴 수 있고, 우리가 사랑하는 사람들과 우리를 다치게 하는 것을 멈출 수 있는 것입니다.

그것은 당신이 산채로 이 삶을 빠져나가지 못할 것이라는 무시무시한 소식 같은 것은 아닐 것입니다. 우리가 여기에 있는 동안, 계속 살아가기 위해 믿을 수 있는 어떤 것이 필요합니다. 나는 이 필요성이 당신에게 어떻게 들릴지, 당신이 그것을 어디에서 발견할 것인지 알 수 없지만, 당신이 뭔가를 찾으려고 애쓴다면, 살아야 할 가치, 좋은 날이 올 때까지 한 걸음씩 나아가는 이유를 찾을 것이라는 점을 알고 있습니다.

나는 자살하려는 사람들과 아주 긴 치료 회기를 보냈는데, 그들은 자신의 인생은 사실상 끝났고 그들에게 남아 있는 유일한 것이라고는 오로지 죽음으로 마무리 하는 일뿐이라고 굳게 확신하고 있었습니다. 우리는 나의 모든 노력과 그들의 노력에도 불구하고 계속 살아야겠다는 희망적인 느낌을 받게 할 방법을 찾을 수가 없었습니다. 하지만 그들이 포기하지 않았고, 나도 포기하지 않았기 때문에 우리는 어려움을 헤쳐 나갈 수 있었습니다. 그리고 그동안 상황이 정리되었고, 우리는 (정말로 '우리는' 입니다) 살아남았습니다.

내가 종종 자살 위기의 한복판에 있는 사람들이나 살아야 할 이유를 찾고자 하는 사람들에게 하는 이야기를 하려고 합니다. 그들은 아마 당신과 마찬가지로 길을 잃은 것 같고, 절망적이고, 미래에 대한 밝은 전망이라고는 조금도 없는 것처럼 느낄 것입니다. 그들은 자신을 보살펴 주는 높으신 분이 있다는 믿음이 없습니다. 그리고 내가 아무리 삶과 인생철학에 대해 열정적으로 영향을 미치려고 해도 쉽지가 않습니다. 왜냐하면 사람을 자살 위기에 빠지게 하는 모든 이유 때문에, 다른 사람의 낙관성에 의해 쉽게 전환할 수 있는 마음의 상태가 아니기 때문입니다. 그래서 우리가 그런 시기를 막아 낼 어떤 공통된 토대를 마련할 방법을 찾기 위해서 이 이야기를 하려고 합니다.

우리 두 사람은 배를 타고 있으며 망망대해 한가운데서 길을 잃었습니다. 우리가 아는 것이라고는 선장도 물에 빠졌고 배를 항해할 사람이 아무도 없다는 것입니다. 라디오도 먹통이고, 짙은 안개가 우리를 감싸고 있어서 어디를 표류하고 있는지 볼 수가 없습니다. 우리는 해변의 희미한 불빛도 볼 수가 없고, 구조선의 소리도 들을 수가 없습니다. 우리 중 한 명은 완전히 겁에 질렸고, 나머지 한 사람(나)도 역시 겁에 질렸습니다—하지만 조금 덜 그렇습니다. 내가 약간 덜 겁에 질린 것은 내 마음속에 할 일이 많다고 느끼기 때문입니다. 나에게는 할 일이 있습니다.

내가 할 일은 안개가 걷히고 우리가 다시 분명하게 볼 수 있을 때까지, 그리고 우리가 구조될 때까지 당신을 다독거리는 것입니다.

그러나 이것은 양방향 관계입니다. 내 쪽에서 지지와 위로와 격려를 보내려고 할 때, 상대도 버텨 보려고 해야 하는 것입니다—알지 못하는 미래에 대한 두려움이 지금-여기에서(here and now) 느끼는 두려움보다 더 크다고 해서 갑판 위에 올라가 뛰어내려서는 안 되는 것입니다.

그리고 우리는 서로의 두려움을 함께 나눌 것입니다. 이 나눔을 통해 우리는 서로를 알게 될 것입니다. 우리는 이야기를 나누고, 농담을 하며, 서로를 격려할 것입니다. 우리는 곧 구조되지 못할 수도 있고, 결코 구조되지 못할 수도 있습니다. 그러나 우리가 길을 잃은 동안 우리는 함께 할 것이며, 함께 우리의 두려움을 가라앉힐 것이고, 우리의 존재에 대한 목적을 가지게 될 것입니다.

이제 당신이 이 책을 다 읽었으므로 당신이 자신을 위해, 계속 살아가기 위해서 해야만 하는 일을 하기 바랍니다. 누군가에게 손을 내밀거나, 전화를 하거나, 당신이 잘 알고 존경하는 사람과 이야기를 나누거나, 치료자를 알아보거나, 하느님께 되돌아가는 길을 찾아보거나, 또는 당신의 외로움과 고통을 잠재우기 위해 필요한 일이면 어떤 것이든 하십시오. 당신이 그렇게 하려면, 지금, 오늘은, 안개가 걷히고 위기가 지나갈 수 있는 시간을 자신에게 주십시오. 나는 당신이 그것을 해낼 것을 알고 있으며, 그 시기를 당신과 함께 보내는 것에 대해 감사하게 생각할 것입니다.

당신에게 한 가지 더 생각하라고 하고 싶습니다. 이것은 탈무드에 나오는 말입니다.

"한 사람의 목숨을 구하는 것은 온 세상을 구하는 것과 같다."

살기로 선택함으로써 당신은 바로 그 사람이 될 수 있습니다.

후 기

『돌이킬 수 없는 결정, 자살』이 처음 출판된 이후로 많은 일이 있었습니다. 세상이 바뀌었습니다. 베를린 장벽이 무너지고 전쟁이 일어났다가 종식되었습니다. 에이즈라고 알려진 자기면역결핍 바이러스가 신종 테러로 등장하여 사람들을 강타하였습니다. 그리고 우리는 갑자기 삶의 존엄성에 대한 우리의 신념이 재조명되어야 하는 처지에 놓였습니다. 현대 의학의 진보는 거의 기적의 수준이지만 사람들은 여전히 자연적으로 죽어 가고 우리에게 가능한 날들을 연장하는 가능성은 지지부진하기만 합니다.

이제 많은 사람이 묻습니다. "그 대가가 뭐죠? 우리의 삶의 질은 어떻게 됐죠?"

자유로운 선택을 자유의 정의라고 할 때, 자신의 목숨을 끊음으로써—의사의 합법적인 도움을 받는 것이든 아니든 간에—자유의 정의를 확장하고 싶어 하는 사람들이 있습니다. 최근의 성공적인 저작 『마지막 비상구』(Final exit: 자살에 관련된 방법을 다루는 책)는 헴락 소사이어티(Hemlock Society)의 드렉 험프리(Derek Humphry) 박사에 의해 발간되었는데, 수천 명의 사람이 그 책에 있는 정보를 얻고 싶어 했습니다.

험프리 박사의 책을 사고 싶어 하는 사람들의 마음을 알 수는 없지만 짐작해 보면, 그들은 느리고 고통스럽고 많은 대가를 치러야 하는 볼품없는 죽음의 어떤 실체를 직면한 뒤, 자신의 인생에서 어떤 시기, 즉 영원한 결정을 내려야 할 때가 왔다는 점을 아는 똑똑한 사람들인 것 같습니다. 진짜로 죽는다는 것에 대해서는 이것이 심오한 인간사의 문제이기 때문에, 그렇게 조심스럽게 고려되어야 할 부분에 대해 논리적이거나 임상적인 또는 도덕적인 주장을 제기하는 것은 개인적 입장에서나 전문적인 입장에서나 내가 할 일이 아니라고 생각합니다.

그러나 수백 명의 자살하려는 사람들과 작업을 해 온 심리학자로서 나는 또한 우울증이 우리 사회의 일반적인 감기와 비슷하다는 것, 치료를 받지 않아도 우울증은 사라진다는 것, 치료가 효과적이라는 것, 우리 사회에서 은근히 진행된 노인차별주의(노인들뿐 아니라 젊은 사람들도 그렇게 믿고 있습니다)가 자기파괴적 행동을 고무시킨다는 것, 그리고 사람들이 자살을 하는 문제들의 거의 대부분이 확실하고 고통스러운 죽음을 직면하는 특별한 경우가 아니라 마음에 상처를 입었거나 꿈이 산산이 부서진 것과 같은 평범한 경우였다는 것을 나는 고통스럽지만 잘 인식하고 있습니다. 가장 지독한 절망도 지나갑니다. 때로는 시간보다 더 좋은 위로는 없습니다.

이 책이 발간된 이래, 독자들에게 많은 편지를 받았습니다. 익명으로 여기에 제시하기는 했지만 이 편지들은 자신에게 시간을 좀 주는 것이 얼마나 중요한지를 이해할 수 있도록 도와줄 것입니다. 이해하고 휴식을 취하고, 배우고 다시 생각하며, 치유하고 또 다른 내일이 올 때까지 계속 살아가는 시간을 말입니다.

🖂 요즘에 한동안 자살 생각을 하고 있었는데, 나를 붙잡은 것은 자살 시도를 했다가 실패하면 어쩌나 하는 생각이었습니다. 정말로 자살에 성공한 경우보다 시도했다가 실패한 경우가 더 많은가요? 스스로 목숨을 끊는 데 대해 이렇게 자신감이 없으니 난 분명히 바보일 겁니다. 그렇게 많은 사람이 실제로 성공을 했는데……. 하지만 만일 내가 목숨을 끊는 데 성공할 것을 장담할 수 있다면, 지금 편지를 쓰고 있지도, 당신의 책을 읽고 있지도 않았을 것입니다.

🖂 올해 6월 15일에 나는 자살을 할 세부적인 계획을 실행에 옮길 생각이었습니다. 그러다가 내가 가지고 있지만 읽지는 않았던 당신의 책이 생각났습니다. 그래서 읽었습니다. 밤새 말입니다. 지금 나는 당신에게 내 목숨을 구했다는 이야기를 하기 위해서 편지를 씁니다. 당신이 전망한 것처럼 바로 다음 날 애리조나에 사는 친구가 전화를 해서 나를 만나러 오겠다고 했습니다. 나는 도움을 좀 받았습니다. 버틸 수 있는 희망과 용기를 주어서 고맙습니다.

✉ 당신을 잘 아는 것처럼 느껴집니다. 오늘 자살을 하려는 내 마음에 힘을 실어 줄 죽음의 경험에 관한 책을 찾으러 도서관에 갔었습니다. 그런데 그런 책은 찾아볼 수가 없었고, 오후 내내 당신의 책 『돌이킬 수 없는 결정: 자살』을 읽게 되었습니다. 그 책을 다 읽어야 할 것 같은 느낌이 들었습니다. 나로 하여금 자살 계획을 하루 이틀 더 미루게 했으니 당신은 목적을 달성한 것 같습니다. 나의 비참함이 끝나진 않았지만 자살을 할 것 같지는 않네요.

✉ 나는 1988년 1월에 당신 책을 샀습니다. 그 당시에 그 책은 내가 목숨을 끊으려는 것을 막아 주었습니다. 두 달 후에 약을 과다복용하기 전에는 그 책을 들여다볼 생각을 하지 못했습니다. 1988년에 두 번 더 당신의 지혜로운 상담을 무시했고 한동안 중환자실에서 지냈습니다. 내가 과거에 자살 시도를 했고, 미래에 자해를 시도할 가능성이 있긴 하지만, 당신 책이 이 주제에 관한 한 최고의 책이라고 믿습니다. 당신의 한 부분을 다른 사람들과 나누어 주어서 고맙습니다. 감사합니다.

✉ 이 책을 계속 읽어 나가면 오히려 자살 충동을 더 느낄지도 모른다고 두려워했었습니다. 그러나 책을 전부 읽은 뒤, 내가 치유되었

다고 말할 수는 없어도 기분이 훨씬 나아졌습니다. 나는 내 상담자에게 이 책을 읽어 보라고 줄 것입니다.

✉ 나는 당신 책에 담겨 있는 솔직함에 대해서 감사하다는 이야기를 하기 위해 이 편지를 씁니다. 나는 6월에 자살 시도를 했었고, 내년 1월에는 자살을 해서 이번에는 확실히 끝내겠다고 스스로 다짐하고 있었습니다. 그러나 어제 나는 살기로 결심했습니다. 나는 8월 6일에 권총(아버지의 22구경 권총)을 정신과 의사에게 갖다줄 것입니다. 당신의 책은 나에게 많은 것을 지적해 주었습니다. 나를 위한 좀 더 좋은 것이 있다는 것을 믿게 되었고, 그것을 얻기 위해 열심히 싸워 나갈 것입니다.

✉ 내 인생의 이야기를 하지는 않겠습니다. 그러나 내가 자살 시도를 했었고 약물 과다복용에 대한 충분한 지식을 가지고 있다는 생각을 했었다는 이야기를 하고 싶습니다(나는 간호사입니다). 내가 복용한 용량은 효과가 있었어야 했는데, 나는 아직 살아 있습니다. 나는 당신의 책을 다시 읽을 것입니다. 지금이 크리스마스 이브이기 때문에 최고의 크리스마스 선물—당신의 통찰과 희망과 격려—을 내게 준 것에 대해서 감사를 보냅니다.

> ✉ 당신의 책을 정말이지 즐기면서 읽었습니다. 자살에 대한 내 감정은 자주 들쭉날쭉했습니다. 나는 당신의 책을 타이레놀 한 상자를 사던 같은 날 밤에 샀습니다. 나는 당신 책을 먼저 읽기로 결심했습니다. 그리고 다 읽은 후에 제가 뭘 했는지 아십니까? 알약을 변기에 넣고 물을 내려 버렸습니다. 당신의 책을 먼저 읽은 것은 한동안 내가 했던 일 중에서 가장 똑똑한 일이었던 것 같습니다. 나는 그저 이 책이 내게 도움이 되었다는 것을 알리고 싶습니다.

마지막으로 이 책을 읽은 뒤에, 그리고 이 편지들을 읽은 후에, 당신이 스스로에게 인생이라는 선물을 줄 수 있는 방법을 찾게 되기를 소망합니다.

저자 소개

Paul Quinnett 박사는 임상심리학자이며 QPR 연구소(자살예방교육기관) 소장이자 CEO다. 그는 자살과 정신병리 그리고 낚시에 관한 몇 권의 책을 저술하였으며, 이것으로 상을 받았다. 또한 그는 워싱턴 의과대학의 정신과 임상 조교수이며, 『Preventing Suicide: the National Journal』의 편집장을 역임하였다.
30년간 그는 성인과 노인을 위한 대규모 공공 정신건강 프로그램을 운영하였으며, 개인심리치료와 기업 컨설팅을 하였고, 법원에서 의뢰된 환자의 치료에 관여하였다.

역자 소개

이혜선_ 고려대학교 심리학 박사 (임상 및 상담심리 전공)
임상심리전문가, 상담심리사 1급
QPR Master Trainer
고려대학교 학생상담센터 상담교수
QPR 자살예방연구소 선임연구원

〈역서〉 자살 심리치료의 실제(학지사), 자살의 인지치료: 자살하고 싶을 때(학지사), 십대를 위한 자살예방법(시그마프레스), 자살을 꿈꾸는 십대(시그마프레스), 말할 수 없는 고통의 치유: 자살유가족을 위한 치유 가이드(시그마프레스)

육성필_ 고려대학교 심리학 박사 (임상 및 상담심리 전공)
University of Rochester Medical Center, the Center for the Study & Prevention of Suicide, Fellow
임상심리전문가
QPR Master Trainer
용문 심리상담대학원대학교 심리학과 교수
QPR 자살예방연구소 소장

〈저서 및 역서〉 심리상담의 과정과 기법(시그마프레스), 심리상담의 전략과 기법(시그마프레스), 자살의 이해와 예방(학지사), 자살 심리치료의 실제(학지사), 십대를 위한 자살예방법(시그마프레스), 말할 수 없는 고통의 치유: 자살유가족을 위한 치유 가이드(시그마프레스) 등

돌이킬 수 없는 결정, 자살
Suicide: The Forever Decision

2006년 1월 10일 1판 1쇄 발행
2016년 3월 25일 1판 10쇄 발행

지은이 • Paul G. Quinnett
옮긴이 • 이혜선 육성필
펴낸이 • 김 진 환
펴낸곳 • (주) 학지사
04031 서울특별시 마포구 양화로 15길 20 마인드월드빌딩 5층
대표전화 • 02) 330-5114 팩스 • 02) 324-2345
등록번호 • 제313-2006-000265호

홈페이지 • http://www.hakjisa.co.kr
페이스북 • https://www.facebook.com/hakjisa

ISBN 978-89-5891-208-8 03180

정가 **11,000**원

역자와의 협약으로 인지는 생략합니다.
파본은 구입처에서 교환하여 드립니다.